# 此星光明

新教育实验下星光育人体系的实践探索

张桂英 著

海峡出版发行集团 | 海峡文艺出版社

图书在版编目(CIP)数据

此星光明:新教育实验下星光育人体系的实践探索/ 张桂英著.—福州:海峡文艺出版社,2024.5
ISBN 978-7-5550-3729-3

Ⅰ.①此… Ⅱ.①张… Ⅲ.①小学教育－教育研究－泉州 Ⅳ.①G622.0

中国国家版本馆 CIP 数据核字(2024)第 091296 号

## 此星光明
### ——新教育实验下星光育人体系的实践探索

张桂英 著

| 出 版 人 | 林 滨 |
|---|---|
| 责任编辑 | 林可莘 |
| 出版发行 | 海峡文艺出版社 |
| 经 销 | 福建新华发行(集团)有限责任公司 |
| 社 址 | 福州市东水路 76 号 14 层 |
| 发 行 部 | 0591－87536797 |
| 印 刷 | 福建新华联合印务集团有限公司 |
| 厂 址 | 福州市晋安区福兴大道 42 号 |
| 开 本 | 787 毫米×1096 毫米 1/16 |
| 字 数 | 210 千字 |
| 印 张 | 14 |
| 版 次 | 2024 年 5 月第 1 版 |
| 印 次 | 2024 年 5 月第 1 次印刷 |
| 书 号 | ISBN 978-7-5550-3729-3 |
| 定 价 | 48.00 元 |

如发现印装质量问题,请寄承印厂调换

# 序一　星光不负赶路人

## 张荣伟

时序更替，华章日新。在闪耀着中华海洋文明之光的海丝之城泉州，丰泽区东星实验小学（以下简称"东星实小"）既像一艘起锚扬帆的航船，又像一颗光芒璀璨的新星，沿着新教育理念的方向，以昂扬的姿态奋进新征程。在川流不息的历史长河中，东星实小历经多次迁址，如今坐落在风景如画的大坪山下。近几年，这所学校在张桂英校长的带领下，启动"点灯计划"，开展新教育实验，五育并举，点亮童心。东星实小的老师们精诚团结，致力于教育改革与创新，提炼"星光教育"办学主张，探索"四力五育"课程体系，深耕细作，不断地朝着名优学校的目标迈进。

我们看到，东星实小始终把党的教育方针贯彻到课内外活动之中，不断激励队伍中的党员教师发挥先锋模范作用，以实际行动践行入党誓词，为教育事业发展献计献策。新教育实验是优秀教师追求教育理想的一个广阔平台。东星实小特别注重聆听"窗外声音"，积极营造书香校园，缔造了一间间"会长大的教室"，构筑了一节节理想的"星光课堂"，研发了一门又一门"星光卓越课程"……

我们看到，东星实小长期致力于榜样教育，注重与人类崇高精神对话，经常邀请非遗传承人、书画家进校园，拓展学生的认知体验，增强学生的文化自信。不仅创新"读写绘"——设立文学社、儿童诗社，添置朗读亭、金种子阅读平台，开展新教育晨诵、午读、暮省活动，人文书香充满整个校园，还以"劳创能"为特色，探索"新劳动教育"模式。在劳动示范基地——金种子农场里，东星少年与"食"俱进，寓教于乐，在播种、培育、收获、烹饪等活动中体悟劳动的价值，感受耕读种养文化的深远意义。

我们还看到，东星实小积极拓宽校外教育场域，先后与泉州市作家协会创作基地合作，建立了独有的文学资源库；与泉州广播电视台共建，促进学校宣传工作发展，丰富发展教育教学内容；推动中国闽台缘博物馆馆藏文物进校园，夯实学生的历史文化底蕴；与泉州医学高等专科学校联合开展生命教育活动，让学生学习生命科学、感悟生命意义，尊重生命、热爱生活；参与教育文化援疆，与甘肃静宁县文惠小学、新疆昌吉市阿什里乡中心学校深入交流，厚植家国情怀，促进师生全面发展……

星光不负赶路人。今日的东星实小浸润在新教育的沃土中，学校办学规模逐年扩大，办学水平上升迅速，人民群众满意度高涨。"文章合为时而著"，在春暖花开的季节读到张桂英校长即将付梓的专著，赏心悦目，受益匪浅。谨此表示祝贺，并与东星新教育人共勉！

是为序。

2024年4月11日于福州怡景书斋

(作者系福建师范大学教育学院博士生导师、苏州大学新教育研究院副院长)

# 序二　文润童心

## 蔡飞跃

　　站在东星实验小学教学楼顶层的教室里，望着窗外宽阔的运动场、色彩醒目的跑道、秋风拂动的树叶、天穹上的艳阳，动态的场景撞开了我的记忆闸门。

　　近几年，我去的地方十有八九与文学有关。以文化人、文润童心，是作家的职责和义务。东星实验小学是泉州市作家协会创作基地，自然是我的常去之处。

　　这是一所百年老校，历经多次更名、数次迁址。1994 年，因建设高速公路，迁至东星村下石井自然村。2017 年，又为了经济发展需要，重新选址于离旧校区不远的下石井大坪山下。新校区占地面积 45 亩，规模比原来更大。原来仅是泉州市丰泽区第五中心小学下属基层学校的东星小学，顺势于 2018 年升格为丰泽区直属实验小学。经过两年多紧锣密鼓的建设，2019 年 9 月 21 日，学校举行了迁址揭牌仪式，整座校园欢声笑语，沉浸在欢乐的海洋里。

　　知识是开启智慧大门的钥匙。书中的知识，如同一级级台阶，助力求知者一步步走向成功的高峰。凡是有识之士，都能知道知识的可贵。每一所学校都有自己的教育理念。张桂英校长到任后，重视"文润校园"，秉持"榜样育人、点亮童心"，践行新教育每月一事，全面提升师生的综合素养。"共读、共写、共生活"是东星实小的一种教育方式，使学生们学到了教学中没有学到的知识，增加了知识储备。邀请作家进校园仅是其中的一项。

　　星光文学社是东星实小为喜欢作文的学生搭建的平台，从成立开始就不断地为繁荣校园文化而努力，集结了一批批有梦想的学子。还在旧校区时，学校曾多次邀请我与文学社的社员们互动。搬至新校区后，办学规模扩大了，教学设备更为齐全，我去得更勤了。不妨记录二三事留作念想。

2022年5月下旬，为纪念毛泽东同志《在延安文艺座谈会上的讲话》发表80周年，一个阳光明媚的上午，我与一批作家走进东星实验小学开展"泉州作家志愿者在行动"主题活动，为星光文学社的师生辅导文学写作。在互动环节，社员们有的问怎么写好作文，有的就写作文时出现的难题向作家求教……作家们根据各自的写作经验，深入浅出地解答。我们还告诉孩子们，学习肯定会碰到困难，面对每一次挑战，都不能气馁，要用自己的意志与坚持，去迎接每一个美好的明天。作家们还为孩子们送去个人文集。看着稚嫩的脸上写满笑意，那一刻，我们的心中充满成就感。

"作家进校园、榜样润童心"是东星实验小学主打的主题活动。当得知我创作的《大明醇儒：蔡清传》出版，在第28个世界读书日到来之际，学校邀请我为师生们分享这本书长达四年的创作心得。

《大明醇儒：蔡清传》是为明朝清官、教育家、著名理学家蔡清立传的一部长篇传记文学。这堂讲座我主要讲述了蔡清施教诀窍和著书立说的事迹。当学生们为我佩戴久违的红领巾，我的心情是那般激动！我讲道，学习是有窍门的，就看能不能找到。随着年纪的增长，蔡清对经典名著的研习更认真、更系统、更细致，他带着问题学、带着困难学。蔡清整理积累了一套学习心得，对古典书籍不是教条地接受遵循，而是讲求从实际出发，避免读死书、死读书。蔡清读书格外用功，床边经常放着一盏灯，晚上睡觉时，只要想到一个观点，就赶快起床点灯记在纸上。蔡清一生写了许多本书，后来都成了读书人必读的经典名著。蔡清逐渐成为泉州的理学中心人物，创立"清源学派"，影响遍及全国。听到这里，师生们眼睛里流露出敬佩的神情。

师生们认真听课的态度给了我鼓舞，我又讲起蔡清教书育人的故事。蔡清善于把思考的钥匙交给学生。他中进士后返归家乡泉州，一边教授生徒，一边著书立说。他在外地做官时，就有很多人追随求学；如今在家，四方学子争着前来拜师，其中有的不远千里而来。蔡清以礼接待。他讲授儒家经典著作，注重提纲挈领、阐明要旨，使学子易于领会、透彻理解。他关心寒门学子，不但供给膳宿，还为他们添置衣裳。他教育学生要把自己培养成品质优良、行为端正的人，还要虚心求知、苦心钻研、领会实质、积极实践，学术上方能有所建树。在他的教诲下，许多学生后来成为历史名人。师生们深受启发，立志多读书、读好书。在提问环节中，师生们争先恐后与我交流学习心得，我不禁被师生们的求知热情所感染。

东星实验小学弘扬中华优秀传统文化也是用心用情。2023年端午节到来之际，学校举办了"我们的节日·端午节——'走近屈原，品读经典'东星端午诗会"，教育名家专题讲座和诗画笔会同时举行；而在学术报告厅，作家们与星光文学社的师生们济济一堂，深情朗读了爱国名篇佳作，以及本土诗人的原创诗作，抒发爱国主义情怀，点燃了人们的热情。尔后，我和其他作家还为师生们做了"诗歌的力量"主题分享。

"让读书真正成为孩子实现人生梦想的重要手段。"一位老师对我说。有了在学校的所见所闻，我对学校用文学滋润童心的初衷豁然开朗。此时，想到自己有幸成为一名东星新教育"星"征程"点灯人"，感动久久在心里荡漾。

目光又一次投向窗外。早上的太阳朝气蓬勃，在斑斓阳光的照耀下，葳蕤的大坪山生机盎然。山下运动场的环形跑道上，赛跑的学生你追我赶、奋勇争先。每一缕阳光都流淌着喜悦和幸福。知识就是力量！相信他们在东星实验小学德、智、体得到全面发展，毕业后，将会奔向更远大的目标。

2024年4月12日于泉州

(作者系中国作家协会会员，中国散文诗研究会常务理事、福建省作家协会主席团委员、泉州市作家协会主席)

# 目　　录

**引言：星河流转，岁月如歌/1**

 第一节　研究缘起/1

 第二节　实践过程/4

 第三节　办学成效/7

**第一章　星芒闪烁，指引方向——星光教育/11**

 第一节　新时代背景下的星光教育内涵/11

 第二节　星光教育的理论依据/13

 第三节　星光教育的育人体系/18

**第二章　星辉熠熠，照耀前程——星光少年/27**

 第一节　星光好少年的培养内涵/28

 第二节　星光好少年的培养内容/32

## 第三章　星星点灯，点亮童心——星光课程/42

　　第一节　星光课程的体系/42

　　第二节　星光课程的内容/47

　　第三节　课程案例/62

## 第四章　星光灿烂，自如绽放——星光课堂/92

　　第一节　星光课堂的变革背景/92

　　第二节　星光课堂的教学范式/100

　　第三节　星光课堂典型样态之一：诗意式/105

　　第四节　星光课堂典型样态之二：读写绘/115

　　第五节　星光课堂典型样态之三：劳创能/120

## 第五章　星河筑梦，智启未来——星光德育/133

　　第一节　"读写绘"协同创作基地/133

　　第二节　"劳创能"实践活动基地/137

　　第三节　"家校共育"协同发展/143

　　第四节　"馆校协同"社校共生/147

## 第六章　星河灿烂，梦想无边——五星评价/153

　　第一节　五星进阶评价的内涵依据/153

　　第二节　五星进阶评价的运行体系/157

## 第七章　星月皎洁，明河在天——星光教师/168

　　第一节　铸造"善为"师魂/169

　　第二节　打造"善学"师才/172

第三节 锻造"善思"师艺/176

第四节 赋能"善省"师能/180

## 第八章 星汉灿烂，若出其里——星光校园/184

第一节 星光校园的整体架构/184

第二节 星光校园的园区概述/187

## 第九章 星星之火，可以燎原——星光管理机制/194

第一节 建设"善联"党建品牌/194

第二节 打造"励志"行政样态/199

第三节 夯实"励责"安全水平/204

第四节 营造"励合"工会空间/207

**后记：东星赋/211**

# 引言：星河流转，岁月如歌

## 第一节　研究缘起

泉州市丰泽区东星实验小学（以下简称"东星实小"）坐落在风景如画的大坪山下，地处泉州市城东街道东星社区，创建于1917年，至今已有百年历史。东星实小现有40余个教学班、近2000名学生、120名教职工，于2019年9月份迁至新地址，重新起航。学校秉持善于创新的"善新精神"，引进中国新教育实验"十大行动"，坚持"星光教育"的办学主张。在实践做法上，"星光教育"基于新教育的"相信—激励—行动—完整—幸福—共美"等基本内涵特质和"十大行动"实验基础，传承学校"星星点灯　照亮人生"办学思想，构建星光育人体系，推进学校由薄弱学校向优质学校转型。

近年来，东星实小先后被授予"福建省义务教育管理标准化学校""全国新教育学校""全国足球特色学校"，以及泉州市"文明学校""绿色学校""安全教育和管理标准化三级学校""先进学校""平安校园"等称号，学校少先队荣获福建省"少先队红旗大队"称号，以及"少先队工作金奖"，还成立了"福建省未成年人课外阅读（学校）实践基地"。东星实小在不断地走向一流，以

"新"育"星"，五育并举，点亮童心，逐步发展成一所省内知名的现代化高品质新教育学校。

## 一、时代背景

建设教育强国是中华民族伟大复兴的基础工程。党的十八大以来，以习近平同志为核心的党中央高度重视教育事业。习近平总书记曾先后到各级学校进行考察并同师生们座谈交流，对新时代我国教育改革创新实践中的许多重要问题做出了重要指示。

学校认真贯彻中共中央、国务院《关于深化教育改革 全面推进素质教育的决定》，深刻领会依法实施素质教育的重大意义，以新时代教育改革为契机，以新教育理念为思想借鉴，以"星星点灯 照亮人生"为办学理念，潜心探索高品位办学思路，注重发展学校内涵，提出"五育并举 点亮童心"的办学愿景，开启东星实小新教育的新征程，引导学生发挥自己的优势，找到自己的美好未来。学校以加强校园文化建设为核心，以优化美化校园文化环境、增强人文底蕴、建设书香校园为重点，以充满审美气质的花香园为突破，以丰富多彩、积极向上的校园文化活动为载体，以高度的事业心、责任感为动力，以教学质量为中心，以教育科研为抓手，与时俱进、开拓进取、创新发展，加强学校内涵建设，提升学校文化层次，建立家校联系的桥梁，努力扩大学校的社会影响力，立体推动学校文化建设，把学校建成一所现代化高品质新教育学校。这是时代的需要，是建设独立自主的世界科技强国的需要，是中国式现代化的需要，也是中华民族伟大复兴的需要。

## 二、学校背景

东星实小旧校址坐落于风景如画的大坪山脚下。学校历经百余年沧桑，几经变迁。学校创建于1917年,原名为"皇墩小学"。1949年,学校更名为"东星中心小学",是一所有着一至六年级的完小,由前头村校区和刘墩村校区组成。刘墩村校区只有一至三年级3个教学班,其前身是林其源先生于1929年创办的私塾。1958年,刘墩村建起校舍,形成了六年制的完小,更名为"东星团结小学",主要为当时东星乡下属的前头、玉兰、埭头、赤石、霞美、玉田、后园、上石井、下石井、刘墩等10个自然村的孩子提供就学。1967年,学校扩建,此后更名为"泉州市东星小学"。1994年,由于福厦高速公路建设需要,学校迁建于东星社区下石井,并于1995年4月正式搬迁。2018年,由于城东至北峰快速通道需从校区穿过,学校迁建至大坪山下。同年秋季升格为区级实验小学,并于2019年8月迁往现址。新校区占地面积3万平方米,建筑面积达2万多平方米,设立近千平方米的海丝文化艺术空间,还有书法室、电脑室、仪器室、科技室、少先队部、实验室、体育室、音乐室、美术室、图书室等;拥有250米的环形跑道,6个体育比赛场、近千平方米的室内体育馆,以及集教师公寓和食堂的配套完善的综合楼。2019年,学校全面践行新教育实验,从此步入新的发展阶段,走向探索学校发展新路的征程。2023年,学校凝练办学主张,形成"星光育人"理念,"以善育新、以新育星",进一步推进新教育实验更加深入,再开新局面。

党的十九大报告提出,"努力让每个孩子都能享有公平而有质量的教育"。《中国教育现代化2035》提出的"八大基本理念"中,就提到了"面向人人""因材施教"等。2018年9月,在全国教育大会上,习近平总书记指出,要努力构建德智体美劳全面发展的教育体系。"五育融合"是我国新时期基础教育阶段人才培养方式转变的根本路径,旨在通过"融合"的方式促进学生的全面发展。它回答了我国在新时期"怎样培养人"这一根本问题。

东星实小前身是一所薄弱的农村基层小学,也是以外来务工人员子女为主的学校。与大多数城乡接合部的薄弱小学一样,面临许多办学难题,主要有:学生家庭文化资源薄弱、家长支持能力不足、良好学习生活习惯没有养成、对未来发展迷茫,学校办学目标不清、没有挖掘地方资源构建特色校本课程、无法有效提升办学质量等。为了快速提升学校整体办学水平，从 2016 年起，学校就组织各学科教师共同研究，努力解决以下两个具体问题：一是如何基于学校传统和本地文化，构建特色学校文化，让平凡的学生都能树立远大理想目标，成为"眼中有光""心中有爱"的人；二是如何构建理念先进、充分挖掘地方资源的"五育融合"课程体系并实践落地，让学生"学习有方，言行有范"。

## 第二节 实践过程

2014 年起，东星实小教师团队立足于每个孩子都是国家未来人才的思想，扎根基础，潜心育人。2019 年，引进新教育实验理念，以培养"心中有爱、眼中有光、学习有方、言行有范的星光好少年"为办学目标，确立了新时代好少年星光育人目标体系，推动学校办学品质的提升，经历了"三阶段九进阶"。

### 一、目标明晰期（2014.9—2019.8）：探索培养新时代好少年的学校育人目标

1. 初步形成了新时代好少年的学校育人目标

2014 年，在着力推进学校基础建设的同时，团队成员即开始探索外来务工人员子女行为习惯的研究、探索培养新时代好少年发展目标，开始构建"星光课程"育人内容体系。

2. 初创"以读促写"的教学模式

2016 年，针对家庭学习资源不足、发展目标定位不清等问题，团队成员通过校本研究，了解现状，调查分析，改进成长环境，着力创建书香校园、书香班级、书香家庭，探索以阅读润泽儿童心灵，以读好书拓宽儿童视野，并初创"以

读促写"的教学模式。2017年前后，团队成员已开始互相独立探索阅读教学，"让阅读与生命结缘"，注重"构建高效的小学语文课堂教学模式"的研究，开展省级课题"奏响生命化教育乐章　实现点石成金的梦想"研究并顺利结题。

3. 初步构思"读写绘"的教学范式

2017年8月，团队成员开展课题"语感培养从小处入手的实践研究"。2018年，以课题"小学生阅读教学课内外衔接策略研究"为抓手，初步构思"读写绘"的教学范式。在少先队活动中，注重学生生活能力的培养和开展劳动研学活动，初步形成培育新时代好少年的课程目标轮廓。2018年，起以课题"小学生阅读教学课内外衔接策略研究"为抓手，结合问卷调查分析后，发现"读写绘相融合"能有效提高阅读课堂效率，提升学生思维发展及表达能力。

## 二、体系建构期（2019.9—2021.7）：构建星光育人体系

2019年学校迁新校址后，启动"点灯计划"，全面实践新教育实验：推进"三专"（即专业阅读、专业写作、专业交往）行动，促进教师成长；以"五自星光好少年"的育人目标夯实星光课程内容；开发绘本课程、金种子劳动课程等近10个系列特色校本课程，并构建"传—学—研—创"的实践范式，形成"读写绘"+"劳创能"双路径教学范式，探索"数字化阅读、诗性课堂、馆校协同"的实践策略。

1. 推进"三专"行动

学校以"星星点灯　照亮人生"为办学思想，全学科渗透榜样教育，以"人"育人，点亮童心。东星实小教研室为打造教师学习共同体，构建学校学习型组织，以读书活动为载体，积极为教师搭建交流读书、写作的平台。每年寒暑假共读一本书，通过读书分享会、每周一的初心大讲堂、校园星声广播站、朗读亭等平台，让教师交流分享自己的读书心得和教育感悟。学校还成立了教师写作营，定期开展写作培训、采风活动、作家座谈会、读书沙龙活动等提升教师的写

作能力，帮助教师开阔视野、增长见识、启迪智慧，进一步提高了教师的综合素质，促进教师的专业成长。

2. 构建"传—学—研—创"的实践范式，形成"读写绘"+"劳创能"双路径教学范式

"读写绘"+"劳创能"双路径教学实践范式的不断成熟，逐渐形成了"传—学—研—创"下的"读写绘"+"劳创能"双路径教学教研范式，同时创编了适用于绘本课程、水墨画课程、金种子劳动课程等的 7 套系列教学用本，并延展了"联盟驱动—资源共享—进校帮扶—委托培养"的示范辐射模式。

3. 探索"数字化阅读、诗性课堂、馆校协同"的实践策略

学校创设了"可知、可视、可导、可管"的数字化阅读支持系统，推进全科阅读、全员阅读、全程阅读、环境阅读、活动阅读和个性阅读，促进学生德智体美劳全面发展。学校结合自身实际情况，在原有的"读写绘"和"劳创能"两大教学范式下，逐渐构建独具特色的"浸润、体验、绽放"三段式诗意课堂，并且把研究重点放在目前研究较薄弱的"绽放"阶段。除此之外，学校还积极探索"馆校结合　协同育人"的新型育人模式。

# 三、完善推广期（2021.5—2024.5）：完善星光育人评价体系并推广辐射

1. 完善星光育人评价体系

不断深化新教育实验，进一步完善星光课程内容体系，形成了星光育人评价机制：建立了"星光少年成长银行""五星进阶评价"运行体系，设计发行了具有学校特色的"五自东星币"；建立了星光学业质量校本检测系统。

2. 构建了星光家校社共育体系

探索"馆校结合　协同育人"，依托校外资源，与中国闽台缘博物馆共建、成立"泉州市作家协会创作基地""泉州医学高等专科学校基础医学部生命教育

实践基地""丰泽区劳动实践创新基地"等，形成馆校结合的新型育人模式，传承中华优秀传统文化，学习新思想。通过引进名家名师入校指导，为师生搭建起面对面学习交流的平台；持续推进家校共育，构建了星光家校社共育体系。

3. 成立"领航校长成长工作坊"，成果陆续辐射推广到省内外

团队领衔人成立"丰泽区阅读点亮童心领航校长成长工作坊"，大力推广星光育人体系的实践探索成果，围绕"传—学—研—创"的实践范式为主题，开设课题案例研究及专题讲座，综合区域教学资源进一步完善星光育人评价体系，经验做法在省内外交流和推广。

# 第三节　办学成效

学校着力从"心"出发，用心育人，立志让每个平凡的生命焕发生命的光彩。经过近 10 年持续不懈地深入研究及应用，产生了良好的教育教学效果和社会效果，丰富了校园文化生活，创建了积极向上的特色校本课程，有力地推进了素质教育的实施，在很大程度上实现了"五育融合"的教育目标。

## 一、锻造了一支高素质的教学改革和研究队伍

1. 有效提升了教师的专业能力和创新水平

教师们在教研中实现了跨学科素养的提升、综合课程设计和实施能力的提升及创新能力的提升（见图 1）。研究团队中的多名教师加入市、区作协，多名教师的文学作品发表在《丰泽文学》，师生文学作品专辑和书画作品多次被转发和发表在公众媒体平台上。2022 年，在教育部举办的"诗教中国"诗词讲解大赛中，李伟宏老师勇夺全国二等奖，黄蕾蕾、杜幼莲老师获得全国优秀奖。

图 1　教师获奖证书

**2. 形成了一批丰富教学改革内涵、验证教学改革成效的理论成果**

学校于 2019 年着手启动市级课题"基于学生核心素养的学校特色课程体系建构的实践研究"、区级课题"小学阅读教学课内外衔接策略研究""小学阅读教学中渗透写作训练的策略研究",均成绩优秀,顺利结项。2023 年 3 月,学校被正式确认为省级有组织的教育科研项目"诗性教育对基础教育育人方式转变的理论与实践研究"的 12 所基地校之一,并立项市级专项课题"构建'浸润、体验、绽放'三段式诗意课堂实践研究"。学校的主要骨干教师还与丰泽区教师进修学校一起进行"新时代劳动教育与德智体美四育融合的策略研究"课题研究,主持省级课题"新课标视野下诗教课堂榜样育人的实践研究",聚焦运用"诗配画""古诗新编"等创新"读写绘"+"劳创能"项目推进课堂育人途径,是在本成果实践基础上的理论升华。

## 二、培养了一批言行有范、学习有方的优秀少年

东星实小的学生在省市级各项比赛中屡获佳绩(见图 2)。在有全省近 4000 多所中小学校(含中职校)参加的省级"新时代好少年·红心向党"主题教育读书活动中,学校有两名学生斩获二等奖。在泉州市大中小学生"泉州古城、古迹、遗迹"研学实践活动获奖名单中,学校 23 名学生榜上有名。自 2016 年以来,学校着力研发"读写绘"校本教材,共收集了 300 多篇师生优秀的原创文学作品,并汇集成册;举办了 15 场大中型书画展,展示了不同时期近 200 幅师生"读写绘"书画艺术作品,星光课程体系在推进过程中呈现出丰富而多彩的成果。

图 2　学生获奖证书

## 三、实现了一所薄弱学校走向特色发展的战略性目标

学校于 2020 年获得"市级文明学校"和"福建省义务教育管理标准化学校""全国新教育学校"及"全国足球特学校"等称号。2021 年，被授予"泉州市作家协会创作基地"。2022 年，被丰泽区文联授予"文艺两新创作基地""泉州市家庭教育示范基地"。2023 年，被中国闽台缘博物馆授予"馆校共建单位"，被泉州医学高等专科学校授予"生命教育科普宣教基地"；与泉州广播电视台合作共建实践基地，并被丰泽区教师进修学校确定为"丰泽区小学劳动教育学科教学研究基地学校"。星光课程项目中"基于项目式学习的劳动课程体系建设"亦拟送为福建省第五批中小学劳动教育实践特色项目，《以"人"育人　点亮童心》被评为"省级一校一案落实《中小学德育工作指南》"优秀典型案例。

## 四、产生了积极而广泛的社会影响

1. 受到各级媒体的关注

学校的教育工作亮点多次被新华社、《人民日报》、"学习强国"APP、《泉州晚报》、"无线泉州新闻网"、《厦门晚报》、《东南早报》、"看丰泽"网站等报道，充分展示学校在践行星光课程体系过程中的成果，在社会层面产生一定影响力和辐射作用。

2. 构建点面辐射的成果推广

在实践中，学校先后申报相关省市区级课题 8 个，发表论文 30 篇，编写校本课程 7 套，学生"读写绘"项目相关比赛获奖 150 人次。借助"丰泽区阅读点亮童心领航校长成长工作坊"平台，学校开设课题案例研究、专题讲座近 10 场次；与丰泽区第二实验小学、丰泽区丰盛实验小学、丰泽临海小学"四校联研"，开展联合教研 6 次。期间，多次参与区域之外的辐射教研活动，曾赴福州市乌山小学、三明市三元区实验小学、山东高新区实验小学等校开展 8 次跨市检验推广。2023 年 3 月，团队到达新疆昌吉阿什里学校进行成果推广；5 月，被泉州市教科所评为"诗性教育推动育人方式变革的科研基地校"；6 月，与甘肃静宁县结对，在 8~9 月份开展帮扶辐射、示范引领。学校前后被中国新闻网等媒体报道 20 次，教师中有 2 人为福建省作家协会会员、3 人为泉州市作家协会会员、多人为丰泽区作家协会会员及书法家协会会员，在三明、厦门、福州、山东、新疆、甘肃等地分享交流和推广，深受多方好评。

核心素养导向下的星光课程体系建构还需进一步探索和实践，方能进一步完善"传、学、研、创"四位一体的"读写绘"+"劳创能"教学范式，鼓励师生在传承优秀传统文化的基础上开拓进取，以"融合"的方式促进学生的全面发展，让每个平凡的生命焕发光彩，从而在很大程度上实现了"五育融合"实践教育目标，使这种适合普通学校发展的教学范式和课程体系更有推广性。

# 第一章　星芒闪烁，指引方向——星光教育

　　星光教育是东星实小基于新教育实验的教育理念。学校面对未来，立志点亮童心，不断改进新教育理念和做法，推动新教育实验不断前进，通过新教育实验发展学校。星光教育旨在将学生培养成为"心中有爱、眼中有光、言行有范、学习有方"的新时代好少年。学校秉持"善新精神"，以"践行新教育思想，打造星光教育"为目标，注重学生全面发展。校训为"东方志者，星耀天地"，校风为"自主主创，自带光芒"，教风为"书香墨气，砺志修身"，学风为"善学、善思、善行"。学校特别设计了有特色的文化标识，如星型校标、吉祥五星、星光校服、完美教室文化和东星少年行为文化等。

## 第一节　新时代背景下的星光教育内涵

　　星光教育在传承学校办学传统、引入新教育实验理念的基础上，提出"以善创'新'，以'新'育'星'"。"善"有二义：一是良善之义。代表学校秉承传统美德，弘扬传统文化，注重品德教育，引导学生们养成诚信、友爱、勤奋、进取的优良品德。二是善于、擅长之义。"新"也有二义：一是新教育之"新"，二是创新。"星"也有二义：一是东星实小之星，二是闪亮之星——五星少年。

因此，星光教育一方面以善创"新"，用爱、良善去教育培养新人，去创新，去开展新教育；另一方面，以"新"育"星"，通过革新教育、精进新教育，培养五星少年，发展学校。面对未来，学校要善于变革创新，不断改进新教育理念和做法，推动新教育实验不断前进，通过新教育实验，发展学校。(见图3)。

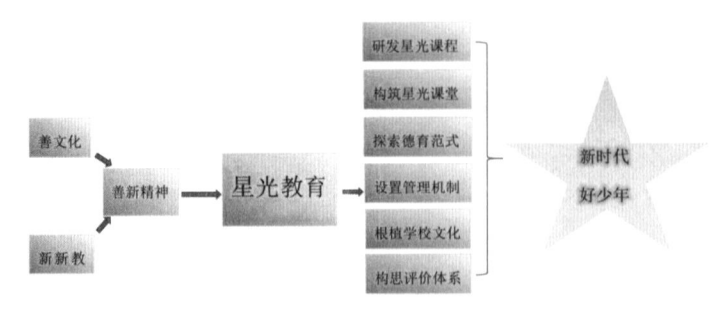

图 3 星光教育的内涵

"新教育实验"是由朱永新教授发起的一个民间教育改革行动，一个以教师发展为起点、以"十大行动"为途径、以帮助新教育共同体成员过一种幸福完整的教育生活为目的的教育实验。东星实小以新教育实验为基础，挖掘其本质内涵，通过"相信—激励—行动—完整—幸福—共美"六个内涵特质，在校园课程、管理、教研和课堂等领域，始终坚持"善、新"作为办学精神，以"善文化"促进新教育八大内涵特质不断创新发展，从而构建"善联党建""善知教研""善融家校"等，并努力将善与爱贯彻到每一位学生的成长过程中。

星光教育就像一棵树，栽种在东星实小这片肥沃的善良土壤上，播种了新教育的种子。这颗种子长出了新教育的相信、激励、行动、完整、幸福之根，然后逐渐长出了茁壮之干，发展了善学、善思、善行等枝丫，最后结出了"星光少年"之果（见图4）。

总之，星光教育以善创"新"，以"新"育"星"，是一种在新教育实验的基础上不断坚持以"善"推进教育变革的学校教育文化理念。东星实小遵循这一理念，在教育实践中注重个性化、科技化、实践化和社交化等，为学生们的成长开辟了更广阔的天地。

图 4　星光教育树

## 第二节　星光教育的理论依据

### 一、新教育思想是星光教育的理论渊源

教育实验一直是教育领域的重要研究方向之一。随着社会的发展和教育理念的改变，新教育实验作为一种新的教育模式逐渐引起人们的关注。朱永新新教育实验作为中国教育领域的重要实验之一，通过运用创新的教育理念和实践方法，探索了一种能够适应现代社会发展需求的教育模式。研究该主题，对于了解新教育实验的动机、发展历程及实践价值具有重要意义。

新教育实验是一项在我国基础教育改革中引起较大反响的教育实践。这项实验以朱永新教授提出的"为了一切的人，为了人的一切"教育理念为基础，旨在打造一个培养创新型优秀人才和实用型技术能手的教育体系，其最关键的目标是培养具备善良的心、向上的梦想和学习能力的合格公民。

《朱永新新教育实验：理念与启示》主要通过对新教育实验的具体活动进行论述，阐释了朱永新新教育理念的具体内容。[①] 该论文从实验活动中阐明了新教育实验给教育带来的意义。

《"新教育实验"：意义、谱系与展望——朱永新教授访谈录》采用访谈形式，讲述了朱永新作为学者对新教育实验的热爱和期望。[②] 该论文突出了新教育实验不仅是朱永新对教育理想的承载，也是他学术价值重新认识的体现。该论文意义在于探索新教育的可能性和发展方向。

《新教育实验的研究》这篇论文提到了新教育实验的核心理念是打造完美教室，师生共同书写成长的故事，形成独特的班级文化。[③] 该论文深入探讨了在完美教室中的教师创新教育理念，并为学生提供健全的品格素养方向的发展。

《开展新教育实验的几点探索》对新课程的核心理念进行了研究，强调了学科教学的价值追求，注重学生主体的生命成长，坚持创新与守常的有机统一。[④] 实践取得了显著成效，如学生情感升华、综合素质培育、生命宽度扩展、生命活力展现等。

《朱永新"新教育实验"对小学语文教育的价值研究》则针对新教育实验在小学语文教育方面的价值进行了研究。[⑤] 该论文指出，新教育实验回归教育初心，促进学生和谐发展，对小学语文教育教学具有很大的指导意义和应用价值。在实

---

① 苑永丹.朱永新新教育实验：理念与启示[J].西部皮革,2016:181-182.
② 朱永新,本刊记者."新教育实验"：意义、谱系与展望——朱永新教授访谈录[J].教育研究,2005:64-69.
③ 王菊玲.新教育实验的研究[J].江西教育,2020(18):13-14.
④ 李道强.开展新教育实验的几点探索[J].中学政治教学参考,2015:12-13.
⑤ 朱永新"新教育实验"对小学语文教育的价值研究[D].陕西理工大学,2018:42.

践中,新教育实验对小学语文教育的贡献主要体现在提高对学生语文阅读的重视程度,使语文教育回归语文本身,唤醒了教师的教育情怀,推动了小学语文育人的进程。

《对"新教育实验"核心理念的解读与思考》这篇论文探究了新教育实验的核心理念,即"为了一切的人,为了人的一切",通过解读核心理念探究其人本精神。[①]

《"新教育实验"为中国教育补缺——记教育家朱永新和他的"新教育实验"》[②]和《在新教育实验这块芳草园中茁壮成长》[③]这两篇论文分别介绍了朱永新教授的教育理想和他在新教育实验方面的实践经验。他提出的新教育实验理念对中国教育发展起到了积极的推动作用。

论文《新教育实验透视》主要通过回顾新教育实验的历程和成果来分析其影响和意义。[④]对新教育实验发起人朱永新的相关资料进行梳理和分析。新教育实验自1999年提出以来,已经取得了卓著的成果,产生了全国性乃至世界性的影响。

论文《新教育实验二十年:回顾、总结与展望》通过回顾和总结新教育实验20年的田野实践探索,分析其所取得的成就和对教育的改善。[⑤]新教育实验相关课程和行动为建设书香社会、推动家校社政共育提供了强大助力,并为教育理论与实践相结合、对抗教育异化等方面提供新的借鉴。

论文《"新教育实验"的责任与追求》从新教育实验的媒体事件出发,对新教育共同体的核心概念进行阐释和界定。[⑥]通过对新教育之梦和新教育在线网站

---

① 傅玉真.对"新教育实验"核心理念的解读与思考[J].新课程导学,2017:14-15.
② 赵洪涛,张荣伟."新教育实验"为中国教育补缺——记教育家朱永新和他的"新教育实验"[J].陕西教育(教学),2006:4-11.
③ 杨同军.在新教育实验这块芳草园中茁壮成长[J].新校园:理论版,2012:98.
④ 许新海,许卫国.新教育实验透视[J].教育研究与评论,2015(5):13.
⑤ 朱永新.新教育实验二十年:回顾、总结与展望[J].华东师范大学学报:教育科学版,2021:44.
⑥ 张荣伟."新教育实验"的责任与追求[J].教育发展研究,2011:53-58.

的分析，证实了新教育实验作为一项民间改革运动，在中国基础教育领域产生了广泛而深刻的影响。

　　以上论文充分说明了新教育实验在教育改革中的重要性。它以学生为中心，打造和谐平等的教育环境，促进学生全面发展。在实践中，新教育实验取得了显著的成效，引领了教育教学的改革与发展。然而，当前小学语文教育仍存在一些问题，如应试化、功利化等。因此，在新教育实验的指导下，小学语文教育需注重学生的综合学习，关注学生和教师的成长，培养学生的语文素养和语文育人的学科使命。

　　通过对新教育实验的研究概况进行文献综述，可以看出新教育实验是一项具有深远影响的民间教育改革行动。自1999年提出来至今，新教育实验已经经过了25年的发展，为教育改善和教育理论与实践相结合做出了贡献，取得了卓著的成果，产生了全国性乃至世界性的影响。尽管新教育取得了一定的成果和影响，但也面临着一些挑战和问题。例如，新教育的实施需要教师具备较高的专业素养和能力、需要学校具备相应的硬件和软件条件，新教育的评价机制和方法尚不完善，新教育需要更多的实证研究和案例支持，新教育还需要面对不同地区和不同学校之间的差异和不平衡，等等。未来，新教育需要进一步推动理念创新和实践创新，不断完善和优化实践模式和方法，加强教师培训和专业发展，建立完善的评价机制和方法，加强国际交流与合作，关注教育公平和质量提升，等等。

　　当下，"过一种幸福完整的教育生活"仍然是一个值得追求的理想境界。而重申教育理想、重建理想教育，恰恰是新教育共同体成员——一群教育理想主义者的追求。在现阶段，这一追求主要体现在新教育人力图实现的"四个改变"上：改变学生的生存状态，改变教师的行走方式，改变学校的发展模式，改变教育科研的范式。而实现这"四个改变"的方法与途径，是新教育实验倡导的"十大行动"——营造书香校园、师生共写随笔、聆听窗外声音、培养卓越口才、构筑理想课堂、建设数码社区、推进每月一事、缔造完美教室、研发卓越课程、家校合作共育。新教育这样不断培育新的生活方式，是星光教育坚持的理想；在实践做法上，星光教育在新教育实验的内涵和基础上，构建自身"善新精神"两大内涵要素——以善创"新"、以"新"育"星"的育人体系。

## 二、建构主义理论是星光教育的理论支撑

建构主义理论的内容很丰富，但其核心只用一句话就可以概括：以学生为中心，强调学生对知识的主动探索、主动发现和对所学知识意义的主动建构。星光教育人正是建构主义理论的真正践行者。我们提倡的教育教学不是像传统教学那样，只是把知识从教师头脑中传送到学生的笔记本上。

在星光教育中，学生被视为积极的、具有独立思考能力的个体。他们通过与他人的互动和合作，不断探索、发现和建构自己的知识体系。这种教育方式鼓励学生积极参与学习过程，发挥他们的主动性和创造性，从而培养他们的自主学习能力和终身学习的意识。

星光教育注重学生的主体性和参与性，强调学生与环境的互动和交流，鼓励学生通过实践、探索和合作来获得知识和技能。在这种教育方式下，学生不再是知识的被动接受者，而是主动的知识建构者。

## 三、人本主义理论是星光教育的理论内核

星光教育尊重学生的个性、情感和需要，关注学生的全面发展。这种理论强调学生的自我实现和自我完善，鼓励他们在学习过程中发挥自己的创造性和想象力。

在星光教育中，人本主义理论被广泛应用。教师们尊重学生的个性差异，关注学生的情感需求，积极营造有利于学生全面发展的教育环境。他们鼓励学生主动参与学习，发挥自己的创造力和想象力，以实现自我价值和提升自我能力。

同时，星光教育还注重培养学生的批判性思维和创新精神。教师们鼓励学生

思考问题、提出疑问、挑战传统观念，从而培养他们的独立思考能力和创新精神。这种教育方式有助于培养学生的综合素质和适应未来社会的能力。

## 四、多元智力理论是星光教育的理论要素

星光教育认识到每个学生都有自己独特的智力结构和优势领域，采用多元化的教学方式和评价方式来适应不同的学生。这种理论认为每个学生都有自己独特的价值和潜力，教育应该帮助他们发现和发展自己的优势领域。

在星光教育中，多元智力理论被广泛应用。教师们尊重每个学生的独特性，采用多种教学方式和评价方式来满足不同学生的需求。他们鼓励学生发现和发展自己的优势领域。如"五星少年"，就是着重培养学生的各领域素质和适应未来社会的核心能力。

同时，星光教育注重培养学生的自主学习能力和终身学习的意识。教师们鼓励学生积极参与学习过程，发挥自己的主动性和创造性，从而培养他们的自主学习能力和终身学习意识。

# 第三节　星光教育的育人体系

## 一、核心理念

### （一）办学愿景：五育并举　点亮童心

办学愿景是对学校未来理想和长远目标的理性描绘，是全体师生的共同期盼与追求，也反映了学校的办学定位。东星实小的办学愿景是"五育并举，点亮童

心"。"五育并举"是指在学生的整体发展中，坚持全面推进德育、智育、体育、美育和劳动教育的有机融合，促进学生身心健康、全面发展。而"点亮童心"则体现了学校对学生内心世界的关注和重视，即通过"善"凝聚成"爱"，营造相信、激励的教育环境，激发学生的学习兴趣，点亮每一个学生的童心，让他们在学习中快乐成长。这一愿景凸显了东星实小的使命和责任，即培养"心中有爱、眼中有光、言行有范、学习有方的五星好少年"。

（二）办学宗旨：卓越至善

办学宗旨是学校中近期具有可操作性的、有明确标准和实施路径的实践方向。东星实小的办学宗旨是"卓越至善"，体现了学校追求卓越、永不停步的精神，也表达了学校对教育品质的追求和不断完善的决心。"卓越"是学校的目标，意味着学校要在教育教学、管理服务、科研创新等方面追求卓越，为学生提供最好的教育体验，为家长提供最好的教育服务，为社会培养最优秀的人才。"至善"是学校的追求，意味着学校要不断追求完善、不断追求更高更远的目标，始终保持对教育事业的热爱和执着，始终保持对教育品质的追求和提升。这意味着学校希望成为一个拥有现代化教学设备和先进教育理念的学习场所，要为学生提供高品质的教育服务，让学生得到更好的学习体验。实现这个目标，需要全体师生共同努力。教师们需要具备优秀的教学技能，能够将先进的教育理念融入教学中。学生们需要积极参与学校的各项活动，发挥自己的才能，不断提升自己的素质。在这所学校中，学生得到充分的相信和激励，能够获得更好的教育文化资源，会接受更良好的师生关系带来的激励影响，培养更健全的人格，成为有着美好未来的人才。在教育质量方面，学校需强化师资队伍建设，提高师资水平和教育教学能力，提升学生的综合素质和学习成绩。在形象建设方面，学校需要加强与社会各界的交流和合作，重视文化立校，树立文化品牌良好形象，同时注重宣传推广，提高知名度和影响力。

**（三）培养目标：培养"心中有爱、眼中有光、言行有范，学习有方"的五星好少年**

培养目标是学校落实办学理念和办学愿景的最终目标，是相对明确具体的、针对学生的培养方向。习近平总书记指出，"青年一代有理想、有本领、有担当，国家就有前途，民族就有希望。""心中有爱、眼中有光、言行有范、学习有方的五星好少年"是东星实小明确提出的培养目标。其中，"五星"代表着"自立、自主、自创、自强、自带光芒"五个方面。"心中有爱"体现出东星实小注重培养学生关爱他人、团结协作的良好品质，同时，以此培养其良好的心理素质和社交能力。"眼中有光"代表东星实小致力于培养学生的创新和创造能力，让每个学生在学习中不断挖掘自己的潜力和兴趣。"言行有范"这个培养目标强调了学生应具备良好的行为习惯和道德品质。学校希望通过教育，使学生能够遵守社会公德、尊重他人、遵守纪律，具备良好的行为习惯和道德品质，成为具有社会责任感和公民意识的好少年。"学习有方"这个培养目标强调了学生应具备有效的学习方法和良好的学习习惯。学校希望通过教育，使学生能够掌握科学的学习方法，养成良好的学习习惯，提高学习效率和学习成绩，为未来的学习和生活打下坚实的基础。此外，东星实小将品德、体育、智能、人文和审美教育等内容融入学校日常教育中，努力构建"全面素质教育"的教育体系，培养"五星好少年"。通过"心中有爱、眼中有光、言行有范、学习有方的五星好少年"培养目标的引领，东星实小为学生打造了一个全方位、充满创造力的学习环境，着重培养学生的综合素质，助力学生形成良好的成长习惯。

**（四）办学思路：理念新校、文化立校、教研强校、品牌名校**

办学思路是指学校办学方向的基本遵循。东星实小是一所具有鲜明特色的学校，"理念新校"是学校用新教育理念来发展新学校，让学校在新的领域有新的发展。这既是"理念新校"的内涵，也是学校2019~2022年的发展阶段。对于"文化立校"，东星实小注重学校文化的品牌建设，提出星光教育办学主张，构建星光教育两大内涵要素，形成星光教育"八大行动路径"，真正落实到教育实践中，推动学生全面发展。"教研强校"是其办学难点。东星实小在"文化立校"基本成型后，将大力开展教研团队建设，培养优秀教师骨干，推进教研团队定期组织教师自主研讨，并根据学科、年级特点，创新研讨形式，如坊间互评、集体备课、课题组研究等，打造高质量的教研队伍，这是未来3~6年的办学难点。为了实现"品牌名校"这一奋斗目标，东星实小坚持走高质量、有特色、以治理体系引领发展的路线，加强课程建设和师资队伍建设，注重全员综合素质提升，成为学生家长心中的品牌名校。星光教育是学校的办学理念，是带领学生走向成功人生的座右铭。

**（五）办学精神：善新精神**

办学精神是学校办学过程中文化的精神维度，是精神文化的集中体现。东星实小的星光教育主张，代表着学校的理念和办学方向。其办学精神——"善新精神"，体现了学校对人才培养的思考与实践。东星实小的"善新精神"内涵丰富且多样，是继承和发展了新教育实验的精神，包含五大精神：一是爱的精神。没有爱就没有一切，相信爱是一切教育之源。二是相信精神。无限相信孩子有潜能，相信教师能改变。三是行动精神。一千个想法不如一个行动，行动才能改变一切。四是创新精神。要善于改变、勇于改变，要"创新、进取、开拓"，拥有积极乐观的心态，开拓进取，不断进步，勇于创新。五是卓越精神。要勇于卓越、追求卓越、善于卓越。东星实小的"善新精神"将爱、信任、行动、创新、卓越等品质素质融入学校建设之中，成为培养学生全面发展的个性、创新意识、实践能力的精神之源。

**（六）办学特色：践行新教育思想，打造星光教育**

办学特色是指学校在长期的办学过程中表现出来的有别于其他学校的、独特的办学风格、独到的办学理念及在人才培养、教学研究、校园文化等方面的特色。

学校积极开展新教育实验，践行新教育实验倡导的"十大行动"——营造书香校园、师生共写随笔、聆听窗外声音、培养卓越口才、构筑理想课堂、建设数码社区、推进每月一事、缔造完美教室、研发卓越课程、家校合作共育。新教育实验在东星实小孕育了新的办学特色，这种办学特色逐渐形成了"践行新教育思想，打造星光教育"。于是，在星光教育的新理念下，学校在新教育实验倡导的"十大行动"的基础上，形成了"善新精神"两大内涵（以善创"新"、以"新"育"星"）和"八大行动路径"。

## 二、三风一训

### （一）校训：东方志者，星耀天地

校训是学校办学理念的具体表达，是长期办学形成的，对全校师生员工具有教化、警策、规范与导引作用的基本理念。它概括了学校的整体价值取向、独特气质和文化底蕴，是一所学校教风、学风、校风的集中表现，蕴含师生的道德理想、人格特点和历史责任。东星实小的校训"东方志者，星耀天地"寓意深远。其中，"东方志者"主张追求东方文化精髓，培养学生向上向善的志向和全球化的眼界；"星耀天地"意味着以星火之力量感召，开拓天地之新邦，寓意学校在提升教学质量的同时，更着眼于学生个性化、综合素质的培养和创新精神的激发，培养有大志向、大志气的时代新人。

### （二）校风：自主自创，自带光芒

校风建设实际上就是校园精神的塑造，是校园文化的集中体现。校风作为构成教育环境的独特因素，体现一所学校的精神风貌。校风"自主自创 自带光芒"则是学校所倡导的学生发展方向。在这里，自主学习是学生成长的基础。从校园文化的建设中，我们能够看到学生们富有创造性的一面，也能够发现学生们身上闪耀着自己独特的光彩。"自主自创"是学校创办多年的特色，这种自主学习环境让学生处于一个自由探索和自我发现的状态。学校为每个学生提供良好的条件和环境，让每位学生都能够充分发挥自己的潜力。学校建立的文化氛围鼓励学生们"自带光芒"，让自己的兴趣和爱好成为自己特色的光芒。学生们充分发挥自己的特长和技能，在校园内展现自己的独特风采。在这里，学生们从学习中汲取力量，也从校园文化中受到正能量的感染，成长为胸怀大志、拥有能力和激情的未来社会栋梁。

### （三）教风：书香墨气，励志修身

教风是教师在长期教育实践活动中形成的教育教学的特点、作风和风格，是教师道德品质、文化知识水平、教育理论、技能等素质的综合表现。教师们推崇的教风是"书香墨气，励志修身"。"书香墨气"，对新教育实验而言，它逐渐摸索出一条"专业阅读+专业写作+专业发展共同体"的教师专业发展模式。"阅读"是教师专业发展的起点。因此，学校倡导"书香教师"的培养。"励志"，新教育实验特别重视理想，教师要善于激励自己，为理想前行。"修身"，就是改变教师自身行走方式，真正走上"专业阅读+专业写作+专业发展共同体"的教师专业发展模式。在"书香墨气，励志修身"的引领下，东星实小的教师们沿着新教育探索之路，走上善知的专业成长之路。

### （四）学风：善学 善思 善行

学风是指学生集体在学习过程中表现出来的治学态度和方法，是学生在长期学习过程中形成的学习习惯、生活习惯、卫生习惯、行为习惯等方面的总体表现。"善学"，是指学生在学习方面要善于学习，拥有良好的学习态度、学习方法和学习习惯，掌握知识技能和运用能力，具备学习的能力和意愿。"善思"，是指学生应该展现出批判性思维和创新意识，具有开放、探究、求是的思维特质，重视思辨和实践，注重解决问题的方法和策略。"善行"，是指学生要具备良好的反省和行为习惯，严格自律、遵纪守法，具备健康的身心素质和社会责任感，以及合理的人际交往和沟通能力。

## 三、文化标识

### (一) 校标

校标是学校办学理念、办学精神的视觉化表达，是学校品牌标识的重要组成部分。东星实小的校标主体是在海丝文化古城泉州波澜壮阔的大海中，一艘标有1917年份的"东星号"帆船承载着师生，一路怀着梦想向远方航行；外轮廓象征着"星辰大海"，也代表着学校如日中天，有着远大的理想与志气；绿色星代表教师，黄色星代表学生，帆船上师生同舟共济、鹏程万里。海浪用打开的书作为元素，象征着学海无涯。这象征着东星学子在知识的海洋里一路前行，走向世界，迈向未来，成为东方之星！校标的三色系各有内涵：红色象征着传承、变革、创新，绿色象征着爱、希望、播种，黄色象征着进步、成长、创新。

图 5　校标

### (二) 吉祥五星标识

图 6　吉祥五星标识

(三) 校服

图 7　东星实小的校服

(四) "完美教室" 文化

图 8　东星实小的"完美教室"文化

"缔造完美教室"就是将愿景、文化、课程等融合在一间教室里，呵护每一个孩子的心灵。关注教室里的每一个孩子，关注教室的每一个角落，让每个孩子成为教室的主人，每个孩子的潜能得到最大的实现。

（五）学生行为文化

图9 东星实小的学生行为文化

# 第二章　星辉熠熠，照耀前程——星光少年

在广阔的夜空中，星星熠熠生辉，闪烁着耀眼的光芒，宛如一颗颗璀璨的明珠。这些星星看似遥远，但却时刻照耀着我们的前程，给我们带来无尽的希望与憧憬。在这个充满挑战与机遇的时代，一群充满梦想的少年勇敢地迈出了前行的步伐，他们就是——星光少年。星光少年们怀揣着对未来的向往，勇敢地追求着自己的梦想。他们在求学道路上奋发向前，不畏艰难险阻，立志成为国家的栋梁之材。这些少年在星星的照耀下，犹如一艘艘充满动力的帆船，乘风破浪，砥砺前行。"有志者，事竟成。"星光少年们正是在这一优良传统的熏陶下，茁壮成长。他们时刻关注国家的发展，关心民族的命运，为实现民族复兴的伟大梦想而努力拼搏。在星星的照耀下，他们锻炼意志、培养品德，不断提升自己的综合素质，为祖国的繁荣昌盛贡献自己的力量。

图 10　星光少年风采

# 第一节　星光好少年的培养内涵

　　当学校的办学空间由此及彼、焕然一新时，我们知道东星教育的新时代来了；当学校的办学理念从无到有、逐渐明晰时，我们知道东星教育的新征程开始了；当学校的办学水平从平凡到高品质发展时，我们知道东星教育的新样态呈现了。我们希望新教育理念的光芒照耀东星教育的每一寸土地……东星实小以东星教师专业发展为起点，以新教育实验中的"十大行动"为途径，立志让师生"过一种幸福完整的教育生活"，培养新时代好少年。

## 一、新教育育"新"人

习近平总书记指出:"人无德不立,育人的根本在于立德。这是人才培养的辩证法。"这科学回答了构建高质量"五育并举"育人体系以立德为先、以立德为根本的首要问题。习近平总书记在中国人民大学考察时强调,"'为谁培养人、培养什么人、怎样培养人'始终是教育的根本问题。"而有一个什么样的教育理想,决定了教育理念的先进与否,决定了办学目标的科学与否,决定了教育教学质量的高下,决定了一所学校的办学水平。东星实小于2019年引进新教育理念,并在其指引下,明确在新时代要"守望新教育,为党育新人"。在新时代的教育背景下,学校坚定理想信念,传承红色基因;推进素质教育,促进全面发展。同时,优化教育环境,打造和谐校园;注重教育创新,提升教育质量;加强师德建设,塑造良好形象;培养实践能力,增强创新精神;关注心理健康,促进健康成长;强化家校合作,共育未来英才。

### (一) 坚定理想信念,传承红色基因

作为新时代的教师,要始终坚守共产主义信仰,传承红色基因,引导学生树立正确的世界观、人生观和价值观。同时,要深入挖掘教材中的思想政治教育元素,将社会主义核心价值观融入课堂教学之中,培养学生的爱国主义情怀和民族自豪感。学校自2019年申报省级课题"小学全科渗透榜样教育的实践研究"后,就将红色基因、榜样人物如春雨浸润在校园的土壤。

### (二) 推进素质教育,促进全面发展

在教育教学过程中,学校要注重学生的综合素质发展,不仅要传授知识,更要培养学生的创新思维和实践能力。东星实小开设多样化课程,如纸艺、南音等,鼓励学生参加各种社团活动和社会实践。目前,社团项目共有1800多人次参加。

### (三) 优化教育环境,打造和谐校园

为了营造良好的育人环境,学校需要优化教育环境,打造和谐校园。学校加

强校园文化建设，开展丰富多彩的文体活动和科技竞赛，如科技节、文艺会演等，提高学生的文化素养和审美情趣。同时，加强学校管理和安全保障工作，确保学生有一个安全、稳定、健康的学习环境。

### （四）注重教育创新，提升教育质量

新时代的教育需要不断创新，提高教育质量和效率。教师积极探索新的教学方法和教育手段，如利用信息技术、网络平台等现代化工具辅助教学，有"金种子"阅读平台、"网络教师"等，激发学生的学习兴趣和创新意识。同时，建立科学的教学评估体系，不断完善教学质量监控机制，保证教育教学质量不断提升。

### （五）加强师德建设，塑造良好形象

教师是学生的榜样和引领者。学校加强师德建设，不断提高教师的职业素养和专业水平。教师遵守职业道德规范和行为准则，做到言行一致、以身作则、为人师表。同时，关心爱护每一位学生，尊重他们的个性和差异，帮助他们解决学习和生活中的困难和问题。

### （六）培养实践能力，增强创新精神

为了适应新时代的发展需求，教师需要注重培养学生的实践能力，增强他们的创新精神。学校开设综合实践活动课程和创新创业课，鼓励学生参与社会实践和科技创新活动，增强学生的动手能力和创新意识。同时，加强实践教学环节的设计和管理，为学生提供更多的实践机会和条件。

## 二、以"新"育"星"：星光好少年

培养目标是学校落实办学理念和办学愿景的最终目标，是相对明确具体的、针对学生的培养方向。"心中有爱、眼中有光、言行有范、学习有方的五星好少年"是东星实小明确提出的培养目标。其中，"五星"代表着"自信、自主、自立、自强、自带光芒"五个方面。"心中有爱"体现出东星实小注重培养学生关

心和尊重他人，能够关注他人的需要和感受，具备同情心和同理心。这种爱不仅是对家人、朋友的关爱，也是对社会的责任感和对他人的尊重和包容。"心中有爱"可以帮助学生建立良好的人际关系，培养他们的社会责任感和公民意识。"眼中有光"代表东星实小致力于培养学生的创新和创造能力，让每个学生在学习中不断挖掘自己的潜力和兴趣，具有希望、梦想和目标，对未来充满信心和期待。这种光芒可以激励学生不断前进、追求卓越，激发他们的创造力和创新精神。"眼中有光"也可以帮助学生拥有积极向上的心态，面对挫折和困难时能够坚持不懈地努力。"言行有范"指的是一个人的言语和行为应该有一定的规范和准则，符合社会和道德的标准。这包括说话得体、言简意赅、用词恰当、不散布谣言、不传播虚假信息，以及行为端正、遵守法律法规、尊重他人权益、不欺诈、不侵害他人利益等方面。"言行有范"是一种道德要求，也是一个人的品质和修养的体现。一个"言行有范"的人会受到他人的尊重和信任，能够在社会中树立良好的形象，获得更多的机会和成功。"学习有方"即指学习需要掌握一定的方法。有效的学习方法可以提高学习效率，帮助学生更好地掌握知识。例如，制定学习计划、集中注意力、积极思考、采用多样化的学习方式、定期复习、建立良好的学习习惯、懂得寻求帮助，以及保持积极心态等，都是有效的学习方法。在学习过程中，每个人可以尝试不同的方法，找到适合自己的方式，并持续实践和总结经验，以提高学习效果。因此，保持"言行有范"对于个人成长和社会进步都具有重要意义。此外，东星实小将自信、自主、自立、自强、自带光芒等内容融入学校日常教育中，努力构建"全面素质教育"的教育体系，培养四有五星好少年。通过"心中有爱、眼中有光、学习有方、言行有范的新时代好少年"培养目标的引领，东星实小为学生打造了一个全方位、充满创造力的学习环境，着重培养学生的综合素质，助力学生形成良好的成长习惯。东星实小更加关注学生的情感和心理健康，培养学生爱和光的精神，成为具有社会责任感和领导力的优秀青少年。同时，这种理念可以激励更多的东星少年积极向上、追求卓越，成为社会的未来之星和领袖人才。

# 第二节 星光好少年的培养内容

"心中有爱、眼中有光、言行有范、学习有方的星光好少年"是东星实小明确提出的培养目标。这个培养目标不仅明确了学校对学生的期望,也为学生的发展指明了方向。"星光好少年"包含"四有"星光好少年和"五自"星光好少年两个维度。总的来说,东星实小通过对星光好少年的培养,旨在塑造出一群具有优秀品质和全面发展能力的新时代少年,他们是祖国的未来,也是我们社会的希望。

## 一、"四有"星光好少年

### (一)心中有爱:爱国心

在浩瀚的星空中,每一颗星星都以其独特的光芒照亮着夜空,而在这片广袤的土地上,有一群被称为"星光少年"的孩子们,他们心中怀揣着对祖国的深深热爱,用实际行动诠释着爱国心的真谛。以下,便是这群少年如何在八个方面展现他们的爱国情怀。

1. 铭记历史感恩心

星光少年深知,今日的和平与繁荣来之不易,是无数先辈用鲜血和生命换来的。他们通过参观纪念馆、阅读历史书籍、聆听长辈讲述革命故事等方式,铭记历史,感恩先辈,将这份感恩之心化作前进的动力,立志为祖国的未来贡献自己的力量。

2. 热爱文化传薪火

中华文化博大精深,源远流长。星光少年热爱并传承着这份宝贵的文化遗产，无论是诗词歌赋、书法绘画，还是传统节日、民间工艺，他们都积极参与其中，用心感受，用情传承，让中华文化的薪火代代相传，永不熄灭。

3. 勤奋学习强国志

知识是改变命运的力量，也是强国之本。星光少年深知学习的重要性，他们勤奋刻苦，孜孜不倦地汲取知识的养分，不仅为了个人的成长，更为了将来能够报效祖国，实现强国的梦想。在他们心中，每一次的努力都是为了祖国的明天更加美好。

4. 尊崇英模学榜样

在历史的长河中，涌现出了无数为国家和民族做出杰出贡献的英雄模范。星光少年以这些英模为榜样，学习他们的高尚品德和无私奉献精神，将他们的事迹铭记于心，激励自己不断前行，努力成为对社会有用的人。

5. 守护家园责任担

家是最小国，国是千万家。星光少年深知守护家园的重要性，他们积极参与社区服务、环境保护等公益活动，用实际行动为家乡的美丽和发展贡献自己的一份力量。在他们看来，守护家园就是守护祖国的未来。

6. 环保行动绿家园

绿水青山就是金山银山。星光少年积极响应国家环保号召，从身边的小事做起，节约用水、用电，减少垃圾产生，参与植树造林等环保活动。他们用自己的行动为地球母亲减负，为子孙后代留下一个更加宜居的家园。

7. 国际交流展风采

在全球化日益加深的今天，国际交流变得尤为重要。星光少年积极参与各种国际交流活动，如国际文化节、国际夏令营等，用流利的英语和自信的笑容向世界展示中国少年的风采。他们不仅在交流中增长了见识，更在交流中传递了中国的声音和故事。

8. 心系祖国献青春

青春是最宝贵的年华，也是实现梦想的黄金时期。星光少年将个人的梦想与祖国的命运紧密相连，他们心怀祖国，志在四方，用青春的热血和汗水浇灌着祖国的明天。无论是在科研领域还是文艺舞台，无论是在体育赛场还是志愿服务一线，都能看到他们忙碌而坚定的身影。他们用自己的方式诠释着"心系祖国献青春"的深刻内涵。红领巾在胸前飘荡，微笑在脸庞荡漾。仪式上，学校礼仪队首先为到会领导佩戴红领巾，献上最真诚的敬意！红领巾在胸前飘荡，微笑在脸庞荡漾。

### (二) 眼中有光：勇担当

在繁星点点的夜空下，有一群名叫"星光少年"的孩子，他们的眼中闪烁着独特的光芒，那是对未来的憧憬、对知识的渴望、对挑战的勇气，以及对这个世界的温柔与热爱。这束光，不仅照亮了他们自己的成长之路，也温暖了周围的世界。以下，是星光少年"眼中有光"的八大体现。

1. 梦想与热情之光

星光少年的眼中，总是燃烧着对梦想的执着与热情。他们敢于梦想，勇于追求，无论梦想多么遥远或艰难，都坚定不移地朝着目标前进。这份光芒，是他们内心最深处的力量源泉，激励着他们不断突破自我，超越极限。

2. 知识探索之光

对知识的渴望，如同星辰般璀璨在星光少年的眼中。他们好奇心旺盛，勇于探索未知领域，不断拓宽自己的视野和认知边界。在书海中遨游，在实验中探索，他们的眼中闪烁着对知识的热爱与追求，照亮了智慧的道路。

3. 坚韧不拔之志光

面对困难和挑战，星光少年从不轻言放弃。他们的眼中闪烁着坚韧不拔的光芒，那是对自我意志的磨砺与考验。无论遇到多大的挫折和困难，他们都能够咬紧牙关，坚持到底，用汗水和努力书写属于自己的辉煌篇章。

4. 善良与爱心之光

星光少年的心中充满了善良与爱心，他们的眼中闪烁着温暖的光芒。他们乐于助人，关心他人，用实际行动传递着正能量。在他人需要帮助时伸出援手，在社会需要关爱时挺身而出，他们的光芒照亮了彼此的心灵，也温暖了这个世界。

5. 创意与想象之光

星光少年的眼中，总是跳跃着创意与想象的火花。他们敢于想象，勇于创新，用独特的视角和思维方式看待世界。无论是艺术创作还是科技发明，他们都能展现出非凡的创造力和想象力，为这个世界带来惊喜和改变。

6. 乐观积极心态光

乐观积极的心态，是星光少年眼中的另一道亮丽风景线。他们总是以乐观的态度面对生活中的挑战和困难，用笑容和自信驱散阴霾。在他们的眼中，每一天都充满了希望和可能，他们相信只要努力就能创造美好的未来。

7. 团队协作之光辉

星光少年深知团队协作的重要性，他们的眼中闪烁着团结协作的光芒。在团队中，他们相互支持、相互配合，共同为目标努力奋斗。他们懂得分享与合作的力量，用团队的力量去克服一切困难，实现更大的梦想。

8. 社会责任与担当光

作为新时代的少年，星光少年深知自己肩负的社会责任与担当。他们的眼中闪烁着对社会的关注和责任感，积极参与公益活动和社会实践，用自己的行动去影响和改变世界。他们相信，只要每个人都贡献自己的一份力量，就能让这个世界变得更加美好。

星光少年，眼中有光，心中有梦。他们用自己的光芒照亮了成长之路，也温暖了周围的世界。在未来的日子里，他们将继续怀揣着梦想与热情，勇往直前，书写属于自己的精彩篇章。

(三) 言行有范：会学习

对于东星好少年来说言行有范不仅仅是个人品行的体现，更是他们所承载的社会责任和期望。东星好少年不仅要在学业上追求卓越，更要在言行举止中展现出良好的教养和素养。

首先，言行有范的东星好少年，会时刻谨记以礼待人。无论是在校园里还是生活中，他们都能够礼貌待人，用善意和尊重对待每一个交往的人。他们深知，礼貌不仅是对他人的尊重，更是自我修养的体现。

其次，他们言出必行、行出必果。东星好少年是诚信的代表，言出必行，不轻易食言。在承诺之前，他们会深思熟虑；一旦承诺，无论遇到何种困难，都会尽全力实现。他们的行为彰显出坚定的信念和责任心。

此外，东星好少年在公共场合会特别注重自己的言行。他们知道，在公共场合的言行举止不仅关乎个人形象，更影响社会风气。因此，他们会时刻提醒自己保持良好的言行举止，为营造和谐的社会环境尽一份力。

最重要的是，言行有范的东星好少年会积极传播正能量。他们的一言一行都充满阳光和希望，能够激励和鼓舞身边的人。他们用积极的态度和阳光的言行，为社会注入一股清新的力量。总之，言行有范是东星好少年不可或缺的品质。他们以礼待人、诚信守诺、注重公共影响并积极传播正能量。

（四）学习有方：会学习

在当今信息爆炸的时代，知识更新的速度快，学习已经成为我们生活中不可或缺的一部分。面对繁重的学习任务，如何才能更高效地掌握知识、提高学习效果呢？这就需要学生掌握一定的学习方法。学习有方，是一种科学的学习理念。它不仅涉及学习目标、计划、方法等方面，还强调积极心态和总结反思在提高学习效果中的重要性。学习有方不仅有助于提高学生的学习效率，还可以培养自主学习能力，使学生在未来的生活和工作中更加出色。

首先，设定明确的学习目标是学习有方的基础。一个清晰的目标能够使学生的学习更有方向性，帮助学生更好地规划学习计划。例如，如果想通过英语六级考试，那么学生需要将目标细化为具体的词汇量、阅读理解能力等子目标，并根据这些子目标制定相应的学习计划。

其次，选择适合自己的学习方法也是学习有方的关键。不同的人有不同的学习习惯和方式，只有选择适合自己的学习方法，才能使学习更高效。有些人通过阅读来学习，而有些人则更喜欢通过听讲座或实践来掌握知识。同时，随着学习的不断深入和拓展，学生也应适时调整学习方法，更好地适应学习需求。

再次，保持积极心态是学习有方的核心要求之一。学习中难免会遇到挫折和困难，但只要学生保持积极的心态，勇于面对挑战，就能不断前进、取得进步。积极的心态能够激发学生的学习兴趣和动力，使他们在学习中更加投入和专注。

最后，总结反思是学习有方的必要环节。通过总结反思，学生可以发现自己的不足之处和需要改进的地方，从而更好地调整学习计划和方法。同时，总结反思是他们积累经验、提升自主学习能力的重要途径。通过反思，学生可以更好地理解自己的学习过程和规律，从而更好地规划未来的学习方向和路径。

总之，学习有方是一种科学的学习理念，强调目标明确、方法得当、心态积极及总结反思在学习中的重要性。只有学习有方，学生才能在繁重的学习任务中更加高效地掌握知识、提高自己的能力。

## 二、"五自"星光好少年

### （一）自信星

五星好少年之自信星，是指在思想、学习、生活等方面表现优秀，具有坚定的自信心和自我认可度的青少年。这个称号的设立是为了表彰那些具有良好品质、才华横溢、充满活力和自信的学生，并为其他学生树立榜样。以下是一些体现自信星的标准：

一是思想独立。自信星通常具有独立思考和判断的能力，不轻易被他人的意见左右，能够坚持自己的信仰和理念。

二是积极向上。他们通常对生活充满热情和积极的态度，面对困难和挑战时能够保持乐观和自信，勇往直前。

三是才华横溢。在某一方面或多个方面具有出众的才华和能力，能够展现出自己的实力和价值，获得他人的认可和尊重。

四是领导能力。他们可能具有很好的领导能力和团队合作精神，能够带领他人共同完成目标，为人所信任和敬仰。

五是追求自我价值。自信星懂得发挥自己的优点和长处，不断追求自我价值的实现和提升，为自己和社会做出贡献。

成为自信星需要具备多方面的素质和能力，同时需要不断地自我完善和提高。如果想成为自信星，学生可以从思想、学习、生活等方面入手，努力提高自己的综合素质和能力，树立自信心和自我认可度，为自己和社会做出积极的贡献。

(二) 自主星

五星好少年之自主星，是指具有自主创新、主动进取品质的青少年。这个称号的设立是为了表彰那些在思想、学习、生活等方面具有独立思考、积极探索、自主创新的年轻人。以下是一些体现自主星的标准：

一是独立思考。自主星能够独立思考、不盲从，对于各种问题有自己独特的见解和思考方式。

二是积极探索。他们对于未知领域充满好奇，积极尝试新事物，不断探索和发现新的可能性。

三是创新精神。自主星具有创新精神，不满足于现状，能够提出新的想法和解决方案，具备创造力和创新思维。

四是主动进取。他们具有强烈的自我驱动力，积极主动地追求自己的目标和梦想，不畏困难和挫折。

五是解决问题的能力。面对问题和挑战时，自主星能够独立思考、寻找解决方案，具有较强的解决问题的能力。

成为自主星需要具备多方面的素质和能力，同时需要不断地自我完善和提高。如果想成为自主星，学生可以从独立思考、积极探索、创新精神等方面入手，培养自己的创造力和创新思维，成为一个具有独立思考和创新能力的人才。

(三) 自立星

五星好少年之自立星，是指具有独立自主、自强不息品质的青少年。这个称号的设立是为了表彰那些在生活、学习等方面表现优秀,能够独立思考、自主行动、自我管理的年轻人。以下是一些体现自立星的标准:

一是独立自主。自立星通常能够独立思考、自主行动,不依赖他人,具有较强的自我管理和自我约束能力。

二是自强不息。他们通常具有强烈的自我驱动力和进取心,不畏困难和挫折,能够坚持不懈地追求自己的目标和梦想。

三是自我管理。自立星具有良好的自我管理能力,能够有效地安排自己的时间、学习、生活等各个方面,做到高效、有序。

四是解决问题的能力。在面对问题和困难时,自立星通常能够独立思考、寻找解决方案,具有较强的解决问题的能力。

五是良好的人际交往能力。尽管自立星强调自主和独立,但他们也具备良好的人际交往能力,能够与他人建立良好的关系,互相帮助和支持。

成为自立星需要具备多方面的素质和能力,同时需要不断地自我完善和提高。如果想成为自立星,学生可以从独立思考、自我管理、解决问题的能力等方面入手,培养自己的独立性和自主性,成为一个既有独立精神又有合作意识的优秀青年。

### (四) 自强星

五星好少年之自强星,是指具有坚韧不拔、自强不息品质的青少年。这个称号是为了表彰那些在面对困难和挑战时,能够坚持不懈、自我超越的年轻人。以下是一些体现自强星的标准:

一是坚韧不拔。自强星在面对困难和挫折时,能够保持坚定的信念和毅力,不轻易放弃。

二是自强不息。他们不断努力、自我超越,追求更高的目标和更好的自我。

三是积极进取。自强星具有强烈的进取心,不断挑战自己,争取更好的成绩和更高的成就。

四是良好的自我调节能力。他们能够有效地调节自己的情绪和心态,保持积极向上的态度。

五是勇于尝试新事物。自强星不满足于现状，勇于尝试新事物和新的挑战，不断拓宽自己的能力和视野。

成为自强星需要具备多方面的素质和能力，同时需要不断地自我完善和提高。如果想成为自强星，学生可以从坚韧不拔、自强不息、积极进取等方面入手，培养自己的毅力和进取心，成为一个具有自我超越精神的人才。

（五）自带光芒星

五星好少年之自带光芒星，是指具有独特魅力、散发着积极能量的青少年。他们通常具有优秀的品质、乐观向上的心态和积极的行为习惯，能够感染和激励周围的人。以下是一些体现自带光芒星的标准：

一是乐观向上。自带光芒星通常具有积极的心态和阳光的性格，能够给人带来希望和正能量。

二是积极的行为习惯。他们具有良好的行为习惯，如勤奋学习、乐于助人、爱护环境等，能够对自己和周围的人产生积极的影响。

三是优秀的品质。自带光芒星通常具备诚实、勇敢、善良、谦虚等优秀的品质，能够赢得他人的尊重和信任。

四是独特的魅力。他们具有自己独特的魅力和风格，能够吸引和感染周围的人，使他们在人群中脱颖而出。

五是正能量传播者。自带光芒星能够将积极能量传播给周围的人，激励他们积极向上、追求更好的自我。

成为自带光芒星需要具备多方面的素质和能力，同时需要不断地自我完善和提高。如果想成为自带光芒星，学生可以从积极的心态、良好的行为习惯、优秀的品质等方面入手，培养自己的魅力和风格，成为一个能够感染和激励周围的人的优秀青年。

总之，自信是基础、自主是关键、自立是条件、自强是动力、自带光芒是目标。自信是建立自主、自立、自强和自带光芒的基础。学生只有具备自信，才能勇敢地面对挑战和困难，自主地做决定并付诸行动。自主是成为五星好少年的关键。学生能够独立思考、自主行动，才能做出正确的决定，实现自己的目标。自立是成为五星好少年的一个重要条件。能够自我管理、自我约束，学生才能更好地应对生活中的挑战和困难。自强是成为五星好少年的动力。只有不断努力、自我超越，学生才能在困难和挫折面前不屈不挠，取得更好的成绩。自带光芒是五星好少年的最终目标。学生只有具有独特魅力、散发着积极能量，才能成为人群中的佼佼者，激励和感染周围的人。这五个方面相互关联、相互促进，共同构成了一个完整的五星好少年形象。通过不断努力提升自己的品质和能力，每个学生都可以成为五星好少年。

# 第三章　星星点灯，点亮童心——星光课程

学校以"星星点灯，照亮人生"为办学理念，以"五育并举，点亮童心"为办学愿景，构建系统全面的星光课程体系。学校践行新教育，抓住新教育的六个主要特征，其中行动理念落实在课程维度上，构建有利于发展学生行动的课程。因此，学校将这样"点亮童心"的课程体系定为星光课程体系。

## 第一节　星光课程的体系

### 一、星光课程的理念

星光课程作为一种全面培养学生各项能力的先进课程，从转变教师观念、深化课程改革、提升专业能力、创新管理方法、实现智慧共享等方面开展工作，积极落实"双减"精神，强化"五项管理"，提升课后服务质量，以最新的课程理念"五育并举、五育融通"为指导，旨在全面培养学生的品德、智力、身体、审美和劳动能力，实现全面发展，有力地推动学校各项工作再上新台阶。

在课程的纵向维度上，学校构建了"德、智、体、美、劳"五育课程，将

课程内容分为"德行（善爱德育）、智行、体行、美行、劳行"五大领域，在深化教学改革，在实现学校高位、高质量发展的同时，确保学生在各个方面都得到充分的培养和发展。

德行课程主要培养学生的道德品质，让他们学会诚实守信、尊重他人、关爱他人。德育和心育是教育中非常重要的两个方面，互为补充，相互影响。德育注重培养学生的道德品质和价值观念，而心育则注重培养学生的情感、意志和个性。只有注重德育与心育的融合，才能培养出品德高尚、心理健康的新一代人才。德行课程通过融合爱心德育，注重培养学生的道德情感和价值观，让他们在日常生活中践行社会主义核心价值观，成为有责任感、有担当的好公民。通过培养学生的责任感和奉献精神、倡导诚实守信的行为、关注学生的情感发展、开展艺术教育活动及建立和谐的班级氛围等途径，有效地实现德育与心育的融合，为学生的成长提供全方位的支持。

智行课程则注重学生的知识积累和智力发展，提高他们的学习能力和创新能力。学校不仅关注学生对基础知识的掌握，还注重开展各种探究性学习、项目式学习、主题式研学等活动，培养他们的思维能力和解决问题的能力。同时，学校建立"学校—家庭—社会"三位一体的智行课程探讨模式，鼓励学生主动探索和学习，家长定期带学生参观博物馆、艺术展览和科学实验室等地，开阔他们的视野，培养他们的观察力和思维能力。学生的学习成长不仅包括学习知识，还包括培养自己的兴趣和爱好。学校鼓励学生参与各种艺术、体育和科学活动，让他们自由地选择自己感兴趣的领域，通过多样化的活动锻炼学生的创造力、解决问题的能力，培养团队合作精神，让学生在实践中学习、成长，成为具有创新精神和实践能力的人才。

体行课程关注学生的身体健康和运动技能，让他们养成锻炼的习惯，增强体质。学校以阳光体育为载体，遵照"健康第一"的指导思想，强调实践性特征，突出学生的学习主体地位，努力构建较为完整的课程目标体系和发展性的评价方式，重视教学内容的基础性、选择性及教学方法的有效性和多样性。同时，注重激发学生的运动兴趣，通过开设各种体育课程和活动，引导学生掌握体育与健康基础知识、基本的运动技能和健身方法，培养他们良好的体育锻炼习惯和健康的生活方式，增强学生的体能，培养学生坚强的意志品质、合作精神和交往能力等，为学生终身参加体育锻炼奠定基础，促进学生健康、全面发展。

美行课程则培养学生的审美能力和艺术素养，让他们学会欣赏美、创造美。学校提供各种艺术类课程和活动，让学生接触不同的艺术形式和风格，培养他们的艺术鉴赏能力和审美情趣。从校园环境到班级布置，从美术音乐学科到其他学科融合，均在引导学生形成自己的审美意识与能力。同时，鼓励学生在日常生活中发现美、创造美，成为具有艺术修养的人才。

劳行课程则注重学生的劳动技能和职业素养的培养，让他们学会动手操作、解决问题。学校通过开展各种劳动实践和职业体验活动，让学生掌握基本的劳动技能和职业知识，培养他们的职业意识和劳动精神。也鼓励学生积极参与社会实践和志愿服务等活动，培养他们的社会责任感和实践能力。在校园里，学校建设了"一米花田""金种子农场""空中花园"等劳动实践基地，为保障课程开发奠定了扎实的硬件基础。东星这片沃土让孩子们从小埋下热爱劳动、崇尚劳动、尊重劳动的种子。东星实小践行"新劳动教育"，积极培养学生的劳动素养，着眼于学生的终身幸福和全面发展。在教师们的努力实践下，孩子们的劳动意识得到提高，劳动能力得到锻炼，"劳动最伟大、劳动者最美丽"成为学生心中最美的旋律。学校的劳动清单——一亩美丽花田、一方金种子小农场……将推动劳动教育在东星实小落地生根，助力"双减"提质增效，培养出全面发展的东星好少年。

在课程的横向维度上，除了完成国家基础课程和校本拓展课程外，学校还针对每个方面增加了个性化课程内容，供学生选择。这种个性化的设计可以更好地满足学生的兴趣和需求，激发他们的学习热情和创造力。例如，对于喜欢音乐的学生，学校提供音乐欣赏、音乐创作等课程；对于喜欢绘画的学生，提供绘画基础、绘画技巧等课程；对于喜欢体育的学生，提供各类运动项目的基础课程和拓展课程，等等。这些个性课程可以让学生根据自己的兴趣和特长进行选择和学习，更好地发挥他们的潜力和特长。

同时，学校也鼓励学生积极参与社会实践和志愿服务等活动，培养他们的社会责任感和实践能力。例如，学校组织学生参加社区服务、志愿者活动、实践研究等活动，让他们在实践中学习、成长。这些活动可以让学生接触到更广阔的社会环境和实际问题，培养他们的社会责任感和实践能力，为他们未来的发展打下坚实的基础。

总之，星光课程以最新的课程理念为指导，通过构建纵向上的五育课程和横向上的个性课程，为学生提供更加全面、个性化和实用的教育服务，帮助他们成为具有高尚品德、智力发达、身体健康、审美高雅和劳动精神的新时代人才。

## 二、星光课程的体系

### （一）星光课程的体系

学校以"善""行"为维度，构建了独具特色的"善行"课程体系，包含国家基础"基础学习力"类课程，校本拓展"综合实践力""持续竞争力"类课程和社团个性"自主创新力"类课程。其中，"基础学习力"类课程是必修课程，校本拓展"综合实践力""持续竞争力"类课程是围绕"基础学习力"类课程进行拓展的人人必修课程；"自主创新力"类课程是体现学校特色的社团和学科拓展类选修课程。

### （二）星光课程的体系来源

在横向上，"善行"课程体系包含国家基础"基础学习力"类课程、校本拓展"综合实践力""持续竞争力"类课程和社团个性"自主创新力"类课程四个层次的课程结构。这些横向分类来自学校培养的四个目标——"心中有爱、眼中有光、言行有范、学习有方"，而学校培养目标的四个方面又来自"有理想""有本领""有担当"的分解。此外，四个层次的课程结构又聚焦于"读写绘"

和"劳创能"两个实践维度。

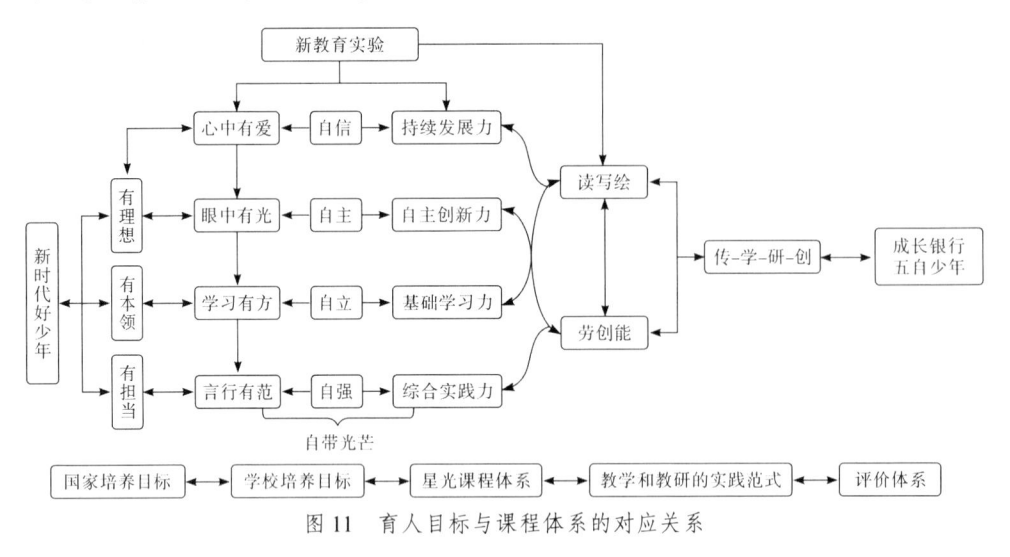

图 11 育人目标与课程体系的对应关系

### (三) 星光课程的具体设置

表 1

| 核心目标 | 基础学习力 | 综合实践力 | | 自主创新力 | 持续发展力 | | |
|---|---|---|---|---|---|---|---|
| 课程类型 | 智识课程（真） | 公民课程（善） | | 艺术课程（美） | 特色课程（个性） | | |
| | | 德育课程 | 地方课程 | | 校本课程 | 班本课程 | 少年宫拓展课程 |
| 阅读与表达 | 语文、英语 | 班队入队典礼、毕业典礼 | "海西"课程 | 绘本阅读、阅读赏析 | 经典晨诵 | 读写绘 | 文学：少年作家（星光文学社）、新闻采编（小记者团）空中英语 |
| 思维与探究 | 数学、科学、信息技术 | 综合实践 | 社会实践 | 科技节 | 午读暮省 | 智创课程 | 科技：电子百拼、科技实验 美术：创意手工、纸艺课程 食育：中式面点、西式烘焙 |

46　此星光明：新教育实验下星光育人体系的实践探索

续表

| 核心目标 | 基础学习力 | 综合实践力 | 自主创新力 | 持续发展力 | | | |
|---|---|---|---|---|---|---|---|
| 艺术与审美 | 音乐、美术 | 节日课程 | 研学活动 | 书法 | 硬笔书法 | 人文自然 | 才艺：南音、合唱、闽南话演讲、朗诵、讲故事、啦啦操、拉丁舞、民族舞蹈 |
| 体育与健康 | 体育 | 综合实践、卫生健康 | 劳动实践 | 体育节 | 抖空竹 | 劳技课程 | 体育：三棋（围棋/象棋/国际象棋）三球（足球/篮球/羽毛球）冰雪项目：花样滑冰、轮滑、击剑 |
| 人格与品德 | 心理健康、道德与法治 | 健康节 | 主题游学 | 艺术节 | 认识我自己：榜样在心中 | 培根课程 | 东星名人秀 |

# 第二节　星光课程的内容

## 一、构建"五育并举"星光课程体系

### （一）德行

德育工作是加强校风建设、落实立德树人的根本任务的重要抓手。东星实小以习近平新时代中国特色社会主义思想为指导，以德育为主题，以德育活动为途径，打造德育队伍，构建"善爱"德育模式，做好德育组织工作，培养"心中有爱"的人。

表2 "善爱"德育体系

| 要素 | 内容 | | |
|---|---|---|---|
| 德育理念 | 学校构建"善爱"德育模式，以社会主义核心价值观教育、优秀传统文化教育、学校文化教育为主要内容，构建"善"之内核、"爱"之表达，将德育融入教育教学、主题实践活动、家庭和社区等教育体系中，培养能够适应个体终身发展的合格人才。帮助学生"扣好人生的第一粒扣子"，树立正确的世界观、人生观、价值观，加强理想信念教育，弘扬爱国主义精神，培养"心中有爱"的人，提高德育工作的实效性。 | | |
| 德育目标 | 德育目标是培养"心中有爱"的人，要从爱祖国、爱社会、爱家庭、爱学校和爱自己五个维度，打造德育目标体系。 | | |
| 德育活动 | 爱祖国 | 1. 爱传统 | 元旦、拗九节、端午节、清明节、中秋节、春节 |
| | | 2. 爱国防 | 清明节祭扫（缅怀革命先烈）、国防教育、"双拥"宣传 |
| | | 3. 爱生态 | 生态保护 |
| | 爱社会 | 1. 爱乡土 | 利用乡土文化资源、参观海丝文化馆 |
| | | 2. 爱安全 | 安全教育、安全疏散演练、交通安全 |
| | | 3. 爱法治 | 宪法教育、学生模拟法庭 |
| | | 4. 爱公益 | 学雷锋活动、爱心公益角、共享雨伞、打扫街道、志愿者服务活动、特教献爱心活动、关爱老人活动 |
| | 爱家庭 | 1. 爱父母 | 孝亲活动、亲子活动 |
| | | 2. 爱我家 | 书香家庭、家庭书房 |
| | 爱学校 | 1. 爱校园 | 校史教育、校园环境教育 |
| | | 2. 爱阅读 | 经典诵读比赛、书香校园 |
| | | 3. 爱学习 | 励志教育、完美教室（学习环境建设） |
| | | 4. 爱教师 | 教师节活动 |

续表

| 要素 | | | 内容 |
|---|---|---|---|
| 德育活动 | 爱自己 | 1. 爱成长 | 立规范主题：新生入学教育、仪容仪表检查、校纪校规学习<br>树模范主题：学生干部竞选、学生干部培养、少先队员培养<br>养风范主题：升旗仪式、入学教育、开学典礼、毕业典礼 |
| | | 2. 爱生命 | 心理咨询、防艾教育、禁毒教育 |
| | | 3. 爱运动 | 每日大课间、春季运动会、秋季运动会、校园篮球赛、校园足球赛 |
| | | 4. 爱兴趣 | 兴趣小组、社团活动、班班有歌声 |
| | | 5. 爱劳动 | 爱耕耘主题：追寻红色足迹活动、研学旅行活动、职业生涯规划活动<br>爱收获主题：艺术节各类比赛、各类演讲、作文比赛、表彰大会 |
| 德育组织工作 | 加强班级文化建设，并以此为突破口，助推学校教育教学质量的提高。 | | |
| | 学校活动组织 | | 1. 利用四月清明节、五月劳动节等民族传统节日和重大历史纪念日，组织学生开展以爱国主义为核心、以中华传统美德和革命传统为重点的爱国主义教育和社会主义核心价值观教育。<br>2. 以培养学生个性特长为目的，由少先队总队牵头，做好各类体、艺竞赛的活动组织工作，积极开展校内书画比赛、诗朗诵比赛，参加各级各类竞赛，充分发挥学生体艺特长和竞技水平。<br>3. 将任务层层分解，强化每个人的责任担当，创造性开展工作。定期组织跨年段师生活动与交流，增强年段间的凝聚力与向心力。 |
| | 社会活动组织 | | 把社会实践活动和社区服务结合起来，作为一项重要课程。组织学生参加社会实践、社区服务活动、青年志愿者活动等，让学生接触社会、了解社会，在实践中得到锻炼，丰富自己的阅历，开阔自己的视野。 |
| 德育队伍 | 班主任队伍 | | 做好班主任培训工作：开展德育工作研讨活动，组织全体班主任进行德育理论和经验学习活动；要求班主任工作有计划、有实施、有过程、有反思总结；培养一批优秀班主任、模范班主任，引导班主任制定个人发展规划。 |
| | 年段队伍 | | 副校级领导下年段负责，明确工作职责，创造性开展工作；实行扁平化管理。 |
| | 心理健康队伍 | | 成立心理健康教育工作小组，构建四级联动工作机制。 |
| | 家校社协同队伍 | | 继续完善"家庭—学校—社会"三结合育人网络，形成育人合力。 |

## （二）智行

除了基础学科教学外，学校还建有科技创新中心与信息技术中心两个活动场域，推进学生科普实践活动。科技创新中心里有科学实验室、生命科学博物馆、金种子博物馆、科创中心等，各类场馆齐全，环境优美；开有无人机、科艺机器人、乐高积木等系列特色课程，落实"寓学于乐"的教学理念，将科学素养渗透在积极有趣的活动当中。生命科学博物馆将运动与生命有机结合，学生通过在生命博物馆的一系列体验，了解生命运动的原理、人体的奥秘，更为珍爱生命。为更好地促进学生劳动意识的培养，树立正确的劳动观点和劳动态度，养成热爱劳动的习惯，东星实小特开设以植物种子为核心的主题博物馆，给学生们在校园里开辟了一个了解大自然的特别空间。

学校信息技术中心基于教育资源应用平台创新教和学的模式，推进数字校园、智慧校园建设，实现教学质量的全面提高。让全体教师利用优质的教育资源平台实现教育教学的备课、教学、辅导、校本研训等工作，让每一个学生都能享受到优质的教学资源，实现学习信息化，是顺应时代发展的必然趋势。

同时，学校积极开展科技实践教育，组织团队开发出一系列科技教育校本课程，积极组织学生开展各项科技活动，鼓励师生积极参加省、市、区青少年科技创新大赛、青少年机器人大赛等科技赛事，注重学生的动手能力培养，提升学生科学素养，发挥科技品牌项目示范引领作用。

## （三）体行

学校以"享受乐趣、增强体质、健全人格、锤炼意志"为体育"四位一体"的工作目标，坚持"健康第一"的教育教学理念，全面推进体育"立体化"发展体系建设工作，促进学生个性发展，形成各项体育技能，熟练掌握2~3项感兴趣的体育运动，形成终身体育锻炼习惯，提升学生的综合身体素质。而在校本课程开发与实践的研究过程中，教师能够全面提升自己的课程开发能力，提升使命感和责任感，促进教育教学能力再发展，综合提高自身专业素养和教育研究水平，完成从教书匠向育人者的转变、从教学型教师向研究型教师转变、从技能型教师向高素质教师转变。

近年来，学校积极发挥体育教师的主观能动性，探索出一套适合星光育人课程体系的东星体育校本课程模式，以利于推广和普及。以校本体育课堂教学（包括体育与健康课、篮球课、足球课、冰雪特色轮滑课、趣味体适能课、羽毛球课、中国象棋课、国际象棋课、围棋课、运动训练课等）为载体，以学校、机构、家庭为平台，形成课内外体育教育的合力。学校在开齐、开足国家和地方规定课程的基础上，围绕办学理念、目标，有目的、有计划地进行体育校本课程规划、实施与评价活动。针对学校课程的实践现状分析，较符合杨中枢提出的"学校课程管理三维结构"，其涵盖了课程管理的主体、客体、过程等内容。依据学校课程构成划分，学校课程分为国家课程、地方课程及校本课程；依据学校课程管理过程划分，学校课程分为针对课程生成系统、实施系统及评价系统的管理；依据学校课程的层次划分，分为针对教师个人层面、小组层面及学校层面的课程。三个维度之间相互联系、相互交错，从而构成整个学校课程管理和推进的三维结构。

学校也会以赛事组织方式为纵向发展轴，不断完善和丰富运动队、体育社团、青少年体育俱乐部、校级赛事活动、学校传统项目和特色项目建设工作等组织方式，不断把特色做强、把优势做优。学校持续开展心理健康教育。加强和改进学生心理健康教育工作，实施学生心理健康促进计划，做好科学识别、实时预警、专业咨询和妥善应对。健全心理健康教育机制，在各学科课程教学中有效融入心理健康教育内容，教育学生珍爱生命，培养正确的人生观、价值观、生命观。采取心理讲座、主题班会、团队活动、个别心理干预等多种形式，全面开展学生心理健康教育和心理疏导。建立健全学生心理状况报告制度，及时化解处置突出问题。

（四）美行

学校丰富艺术教育，遵循学生身心健康发展规律，提高学生的审美能力、创新能力，积极配合教育部门举办的各类绘画比赛活动。在日常工作中，学校认真总结新课程改革实施过程中形成的经验，加强对教师的素质培养，积极开展课堂教学研讨活动，全面提高课堂教学质量与效益。严格执行国家课程方案。上好美术课程，把着眼点放在提高课堂教学水平上，努力提高教学质量，确保艺术课程教学的顺利开展。

优化集体备课和个人备课模式。创造性地开展教研活动，力求形式多样，重视和强化业务理论知识学习，根据教学中出现的典型问题展开研讨，开展优秀教学设计的赏析、研讨及观摩优秀教学录像等活动。强化集体备课活动，每次活动认真研究教材、教参，确定集体备课的教学内容、重点、难点，讨论教学疑点，谈教学设想。

加大课堂教学的改革力度，以新的教改理念指导美术课堂教学，积极探索，创建课堂教学新模式。完善校本课程教学，落实具体要求。推出以理论学习、案例分析、教学反思、经验交流、听课、说课、评课、教学咨询与指导等校本研究的基本形式，促进教师的专业成长和发展。

以"艺术特色为主的第二课堂教学"为主要形式，开展校本教学研究活动。进一步完善学校兴趣小组教学和地方特色课程。加强学校高水平艺术团队建设，多开展艺术教学研究，教师们根据自己实情总结经验，撰写教育教学心得体会、反思。

加强艺术特长生培训，多出绘画、舞蹈、歌唱等精品，积极组织参与省、市各级各项艺术活动，提升学生的文化艺术修养。

（五）劳行

学校深入开展劳动教育。完善劳动教育课程，丰富劳动教育内涵，将劳动教育有机融入课堂教学、自主教育、社会实践和家务劳动各环节，开展"劳动小能手"等活动，积极树立学生身边的劳动榜样。协同推进垃圾分类，助推绿色低碳发展。

附：

## 播撒金种子　点亮童心梦

——泉州市丰泽区东星实验小学"新劳动教育"特色项目

### 一、背景分析及目标任务

为深入贯彻习近平总书记关于劳动教育的重要论述，全面贯彻党的教育方针，落实中共中央、国务院《关于全面加强新时代大中小学劳动教育的意见》，全面解读劳动教育新课标，加快构建德智体美劳全面培养的教育体系，泉州市丰泽区东星实验小学（以下简称"东星实小"）利用自身的地理环境优势，结合让每一个孩子在东星实小"过一种幸福而完整的教育生活"的办学理念，践行新教育实验"十大行动"，培养"东星好少年"的办学目标，东星实小从立德树人和促进学生全面发展的高度出发，加强思想引领，开足、开齐课程，创新开展丰富多彩的校内外劳动实践教育活动。除了充分利用家庭社区等传统的实践活动场所以外，东星实小先后在校内建设了"一米花田""金种子农场""空中雅趣园"等校内劳动实践基地，为劳动课程的开设创建了最佳的教学场地。特别是"金种子农场"的建成，占地近5亩，首期建设2亩，是集丰泽区初小幼一体化劳动课程实践基地、泉州第五中学混合学习实践基地、丰泽区城东实验幼儿园幼小衔接课程实践基地。基地的建设保障了课程的开发，奠定了扎实的硬件基础，在东星这片沃土上让孩子们从小埋下热爱劳动、崇尚劳动、尊重劳动的种子，为他们的终身发展和人生幸福奠定基础，成为德智体美劳全面发展的社会主义建设者和接班人。

### 二、具体工作措施

劳动教育是一门综合性很强，与学生生活实际、当地生产和社会实际紧密联系，以实践为主的课程。它不再是只培育学生热爱劳动的思想感情与劳动的习惯，而是在此基础上开发学生潜能，集动手、动脑为一体，着重培育学生实践实力、创新实力的一门新学科。如何依据小学生的年龄、心理特点，组织好劳动教育的实践活动，是东星实小近年来比较关注的。东星实小四季有花、四季常青，内有"一米花田""金种子农场""空中雅趣园"及榜样人物、名家名言，随处可见，激人奋勉，催人上进，非常适合劳动教育课程的开发。以下是东星实小的具体做法。

（一）营造氛围，引导学生爱上劳动

加强劳动教育课程建设。开足、开齐、开好综合实践活动课程，落实学科科任教师，将其作为劳动教育的主要课程载体。实施多样化劳动实践方式。学校通过开展家务劳动、劳动技术、社会服务、职业体验考察探究和专题活动等方式进行。东星实小在推进的过程中兼顾学校总体课程安排，安排学生每学期至少完成两个主题活动，在社会实践、研究性学习、研学旅行等主题活动中，兼顾多种活动方式，整合实施。而在校园内，东星实小建设了"一米花田""金种子农场""空中雅趣园"等空间，通过课后服务兴趣班的选择，学生自愿报名参加到种植养殖的劳动课程中来。在此，教师们也营造了一种生动活泼的教学氛围，学生形成了一种乐于劳动的心理愿望和良好习惯。

（二）学科整合，促进各学科融合渗透

学科之间不是孤立的。东星实小在进行绿植劳动教学的时候，进行整合，促进各门学科的学习。教师主动挖掘学科课程和教学方式中蕴含的劳动教育资源，在日常课堂教学中有机渗透劳动教育的相关内容。要在德育、语文、数学等学科教学中加大劳动观念和态度培养，在科学、美术、信息技术等学科教学中加大动手操作和劳动技能训练，在其他学科教学和团队活动中有机融入劳动教育内容。比如数学领域中的认识钟表，可以让学生进行制作，不仅培养了学生的动手能力，也促进了学生对于钟表知识的全方位认识。学科之间的相互联系，既提高了学生学习的效率，又使学生体验到动手的乐趣。

(三) 创新评价，提高学生劳动主动性

东星实小成立了东星成长银行，制定了相应的评价标准与奖励机制。其中，对于劳动教育的奖励机制，极大地提高了学生劳动的积极性和主动性。例如，对参加绿植劳动成功移苗的孩子发币奖励，对能够在种植劳动后分享种植经验的孩子们发放新的种子……此外，每天开展的卫生评比活动，对于值日小能手奖励一个东星币。还开展了针对爱护学习用品的一系列活动，比如新书发到学生手中，便开展包书皮竞赛，赢的孩子都可以得到相对应的东星币。少先队也结合中国少年雏鹰行动，让孩子们进行自我服务劳动，如穿衣服、洗手帕、整理书包等。当然，劳动竞赛不仅开展于校内，并延伸到家庭，如协助家长制订劳动计划，放手让学生参与劳动，培育劳动爱好。劳动任务还可以结合一些主题节日活动开展，如在三八妇女节前夕开展"我帮妈妈……"活动、"我疼我的（家长）……"活动。通过多种劳动竞赛，充分运用东星成长银行的激励机制，不但激励了学生的劳动积极性，而且使他们懂得劳动是为人民服务、为社会做贡献的道理。

(四) 多方协力，为实践基地建设提供保障

理论实践结合更深入，亲身体验更真切。在丰泽区总工会、丰泽区科协、丰泽区城东街道东星社区的共同协力下，学校"金种子农场""一米花田""空中雅趣园"等实践基地顺利推进建设工作，为种植课程的实践授课提供了场地。孩子们虽在室内课堂上、在书本上对于植物、农具等有了初步了解，但通过书本与现实的种植比对，他们会得到更为深刻的感受。因此，劳动基地的建设，让学生们在种植体验课中，不仅学有所用、学以致用，更能够切实体验劳动的艰辛、收获的美好。

除了以上劳动教育以外，东星实小还重视对学生进行公益劳动教育。近几年来，由于东星实小加强劳动课的教学管理，重视实践，使学生既学会了一些劳动的基本知识，掌握了劳动的基本技能，培养了正确的劳动观，又美化了校园、家园、社区等，创造了良好的学习生活环境，促进了学生身心的健康发展。

## 三、阶段性成效

通过这两年劳动课程的开发研究，东星实小在劳动教育上也取得了一些成效。

（一）创新劳动实践模式，充分利用多个校内劳动实践基地，让学生真正实践劳动

由于得天独厚的自然条件优势，东星实小从2023年开始建设了"金种子农场""一米花田""空中雅趣园"多个校内劳动实践基地，并对这些劳动基地进行了充分利用。例如，学校推出"一米花田"种植项目，以班级为单位种植养护鲜花。"金种子农场"的种植课程中，学生认识并了解了各种农作物的不同生长规律，体验了各种农具的使用效果；并定期推出一些活动，如开播节、收获节等，以达到促进劳动教育的目的。同时，还推出了餐厅体验式劳动（一学期每班至少一次），志愿者行动，以及班级教室和广场的卫生整理。这些都是学校劳动教育的有效实施阵地。而家庭劳动教育课程主要是根据孩子的年龄不同，安排不同的家庭劳动项目，在家里做一些力所能及的家务劳动，或者帮助家长进行收纳整理的劳动，然后以家校互动的方式展开评价。

（二）充分利用课后服务时间，组建校园劳动小分队，全面提升学生劳动素养

东星实小充分利用校内外资源，结合传统节日和重大纪念日，设置项目化任务，利用课后服务时间组织学生开展主题实践活动。依托校内外劳动实践基地和班级种植角定期开展劳动实践教育，将劳动教育与课后服务相结合，提升学生综合素养，建立了极具东星特色的"劳动实践小分队"，利用课后服务时间参与到校内劳动基地的实践中来。

（三）新型激励机制，形成良性劳动体验循环系统

东星成长银行的成立，为提升学生劳动积极性"添砖加瓦"。学校利用数字化平台发布每日的劳动任务，明确学生参加劳动的具体内容和要求，运用数字化平台实时跟踪记录，通过平台提供的劳动教育质量分析数据，有针对性、个性化地布置劳动任务，促进学生劳动素养全面发展。学生在平台上坚持每日劳动打卡，将自己围绕劳动教育中某一任务的完成情况进行梳理和登记，鞭策自己在长

期的坚持中养成劳动习惯，学会劳动技能，促进劳动品质的养成。家长及时记录孩子劳动的精彩瞬间，以图片、视频等形式发布孩子的劳动成果，随时了解孩子的劳动素养发展情况。学生在劳动过程中不仅获得丰收的喜悦，更能够在劳动中得到别样的肯定，这大大提高了他们的劳动热情，从而为校内劳动、家庭劳动、社区劳动等提供一个完整且优质的劳动体验循环系统。

**四、下一阶段工作思路**

（一）探索劳动清单制度，擦亮"新劳动教育"品牌

"劳动清单"是根据孩子的发展现状和年龄特点，在总结经验的基础上，提高其劳动素养，促进其养成良好的劳动习惯和态度，使孩子在体验劳动的同时，对劳动的意义、对生活的理解更加透彻，给未来打好底子。为了将劳动教育清单与学生的个人日常生活、校园生活和社会生活有机结合起来，丰富劳动体验，提高劳动能力，深化对劳动价值的理解，东星实小对小学生每周践行劳动清单的时长提出要求，一二年级每天家务劳动不低于20分钟、校内不低于10分钟，三四年级家务劳动不低于30分钟、校内不低于15分钟，五六年级家务劳动不低于40分钟、校内不低于20分钟，并且对农场劳动和志愿服务公益劳动给出了劳动时间建议。学校还可以对照劳动教育清单，结合植树节、五一劳动节、农民丰收节等节庆活动，开展劳动主题教育，营造劳动光荣的校园文化。

我们深深明白，让学生参与劳动教育，学校需要先"动"起来。下阶段，东星实小将设置各年级劳动清单，如今已从家务劳动、校内劳动、生产劳动、服务性劳动等全方位覆盖学生生活各个场域，拟出台《东星实验小学一至六年级家务劳动建议》《东星实验小学一至六年级校内劳动建议》《东星实验小学一至六年级金种子农场劳动建议》等，鼓励东星少年积极参与各项劳动。东星实小将以具体明晰的内容要求、丰富多样的主题活动、线上线下相融合的评价方式，让劳动教育有趣又有用。

（二）加大师资培养力度，推进"以劳育人"办学特色

当然，在课程实践和特色项目创建过程中，我们也遇到了一些难题，比如优

质师资的短缺、适合本校的校本的编辑不够及时、课程的整体性不够等。下一阶段，将根据新课标认真落实每节课内劳动课，建立更为完善的劳动课程教学体系，加大劳动课程的师资培训，建立健全劳动教育机制，增强劳动教育推进力度。此外，学生要深入社会生产实践，同样离不开社会的全力支持和配合。为此，学校与企业、社区、工厂、图书馆等深度合作，协调、动员社会相关机构，共同支持学生深入乡村、社区、福利院和公共场所等参加志愿服务、开展公益劳动、参与社区治理，增强学生的社会服务意识和社会责任感。

学校培养了学生的劳动素养，着眼于学生的终身幸福和全面发展。相信在教师们的努力实践下，孩子们的劳动意识定会得到提高，劳动能力定会得到锻炼，"劳动最伟大、劳动者最美丽"必将成为学生心中最美的旋律。一张张劳动清单、一片片美丽花田、一方金种子农场……必将推动劳动教育在东星实小落地生根，助力"双减"提质增效，培养出全面发展的东星好少年。

"一米花田"种子收集　　　金种子农场与泉州五中手拉手共建活动

课后服务收获特色课程——丰收节活动　　　课后服务烹饪特色课程——包水饺　　　特色种植课程——育苗成功了

下面是"金种子劳动基地"特色建设方案：

本方案构建一个融通"五育"的特色大课程体系，采用"以劳树德、以劳启智、以劳强体、以劳育美、以劳夯劳"的方法，实现"五育"的全面融合，从而构建"金种子劳动基地"特色大课程。通过该课程，学生的劳动兴趣、观念和品质能够得到培养。丰富的课程内容，使学生可以全面地了解和掌握种植技术，培养劳动意识、创新能力、团队合作以及对美的欣赏和创造能力。为了进一步完善融通"五育"的特色大课程体系，东星实小将要整合学校、家庭和社区的教育资源，共同建设一个涵盖校园、家庭和社会的劳动实践平台。通过实践体验，引导学生更好地将理论和实践相结合，以"金种子劳动基地"为载体，将劳动教育融入学生的日常生活和学习中。

## "金种子劳动基地"特色大课程框架体系

| 课程要素 | 说明 | | |
|---|---|---|---|
| 课程目标 | 低段年级：劳动兴趣　勤劳自强<br>中段年级：劳动观念　实践能力<br>高段年级：劳动品质　职业体验 | | |
| 课程内容 | 分类 | 低段年级 | 中段年级 | 高段年级 |
| | 以劳树德 | 劳动礼仪：学习劳动场所的基本礼仪和行为规范。 | 劳动道德：了解劳动与社会发展的关系，培养尊重他人劳动、珍惜劳动成果的价值观。 | 职业道德：介绍各种职业的特点和职业操守，引导学生选择合适的职业发展。 |
| | 以劳启智 | 种植基础知识：了解植物的生长过程、养护方法和环境要求等，掌握基本的种植技巧。<br>蔬菜种植：学习蔬菜的种植技术，包括土壤准备、种子播种、浇水施肥、病虫害防治等。 | 水果种植：学习水果树的栽培管理，包括修剪、疏果、灌溉、采摘等技术方法。 | 花卉种植：了解不同花卉的特点和养护要求，学习花卉的繁殖、种植和美化技巧。<br>少量养殖：介绍家禽、水产等少量养殖的基本知识和管理技巧。 |
| | 以劳强体 | 劳动健康：培养学生良好的劳动习惯，学习正确的姿势和动作，了解防止劳动伤害的方法和技巧。 | 劳动与协作：促进学生身体素质的全面发展，通过种植和养殖活动中的体力劳动，锻炼学生的身体素质和协作能力。 | 劳动与体育：结合各项劳动活动，进行身体锻炼和体育运动，如跑步、太极拳、篮球等，提升学生体质和运动技能。 |

续表

| | 分类 | 低段年级 | 中段年级 | 高段年级 |
|---|---|---|---|---|
| 课程内容 | 以劳育美 | 劳动欣赏：欣赏种植的蔬菜、水果的美。 | 劳动审美：通过观察种植的植物的美，进行绘画、手工制作等创作活动，培养学生的审美能力和创造力。 | 劳动创作：学习欣赏劳动成果的美，如美食制作、花卉布置等，培养学生对劳动的尊重和赞美之情。 |
| | 以劳夯劳 | 实践课程：组织学生参与种植实践，如蔬菜、水果、花卉的种植和养护过程，让学生亲身体验劳动的过程和成果。 | 劳动评价：通过劳动活动、劳动体验，可以进行自我评价、同学互评等，提升劳动技能的获得。 | 个人项目：引导学生选择个人感兴趣的种植项目，并根据项目需求进行规划和实施，培养学生的自主学习和创新能力。 |
| 学习方式 | 社团课题研究式 | | 1. 蔬菜兴趣项目组；2. 水果兴趣项目组；3. 花卉兴趣项目组；4. 养殖兴趣项目组等。 | |
| | 跨学科项目整合式 | | 各项目组与不同学科整合的项目。 | |
| | 跨年段主题探究式 | | 讲种植中的成长故事课程。 | |
| | 综合展示式 | | 金种子魅力项目：包括金种子诗展、金种子艺展、金种子艺演、金种子诵读大会等。 | |
| | 其他形式 | | 课堂教学、专家讲座、共建活动、家校共育活动、社区资源整合，拓展劳动实践平台。 | |
| 课程特色 | 实践导向 | | 通过实际操作和体验，培养学生的动手能力和解决问题的能力，让学生在实践中学习，将知识应用于实际情境。 | |
| | 环境教育 | | 注重培养学生对环境保护的认知和行动，在种植和养殖过程中强调环境友好的原则和实践。 | |
| | 跨学科整合 | | 将种植和养殖活动与其他学科相结合，如生物学、地理学、艺术等，提供多元化的学习机会，培养学生的综合素养。 | |
| 课程评价 | 综合评价 | | 构建金种子、银种子、铜种子的评价体系，综合考虑学生在劳动实践中的表现、创新能力、团队合作、态度品质等方面的发展情况。 | |
| | 活动评价 | | 在校园的各种活动中开展评价。 | |
| | 自我评价 | | 鼓励学生主动评价自己的劳动实践过程和成果，促进个人成长和自我调节能力的提升。 | |
| 课程硬件 | | 硬件建设：金种子劳动基地、百花园带、金种子科普实践馆、金种子阅读角、金种子创客教室等。 | | |

## 二、打造四个层级的星光课程结构

### (一) 国家奠基"基础学习力"类课程

国家课程是必学课程。为了丰富学生的学习体验，学校严格开齐开足各类国家课程。同时，着重加大体卫艺课程建设力度，提高学生的体质、健康水平和艺术素养。学校主要通过提高体育、艺术课的教学质量，保证体育活动时间，加强健康宣传和卫生工作，来提高全体学生的体质、健康水平和艺术素养。

### (二) 校本开拓"综合实践力"类课程

校本课程建设既要保证国家对教育的基本要求，又要充分考虑适应地方、学校和学生三者的需要，体现课程的多样性、选择性和适应性，关注每个学生的不同发展需要。东星实小的"综合实践力"类课程包括每月一行、三行（省行、思行、学行）、足球、完美教室、劳动基地等课程。

### (三) 社团拓展"持续竞争力"类课程

东星实小以星海少年宫活动为依托，结合学校特点，开设了音乐类、美术类、体育类、语言类、闽南文化类、创意实践类六大类课程，开发了《东星三棋课程》《东星三球课程》《新教育经典诵读》《东星小记者新闻采编课程》《闽南刻纸艺术》等校本课程，构建课堂教学和课外活动相互配合、学校教育和社会教育相互融通的体育、艺术等校本课程体系，深受各方好评。学校为了丰富学生课后业余文化生活，健全各类校内外学生社团，组织成立了文学社、书画社、心健社、摄影社、棋牌社、音乐社、舞蹈社等10多个学生社团组织；为深化学校素质教育，积极开展各项丰富多彩的文娱活动，如"班班有歌声"、校园十佳歌手大赛、校园科技节、校园文化艺术节、中小学生定向运动锦标赛、篮球赛、足球赛等。

### (四) 个性"自主创新力"类课程

学生个性"自主创新力"类课程可以挖掘学生的潜力，充分激发学生的创新力。各学科教师拟定严密的活动计划，积极开展丰富多彩的艺术活动，让学生在读书节、英语节、科技节、艺术节、体育单项比赛、迎新年活动等活动中得到锻炼，提高艺术素养。教务处提出各个年龄段的阅读指标，要求各个班级利用午读的时间安排学生进行阅读。每个学期末，学校还开展"好书一起分享"的读书漂流活动，发动学校各个中队参与学校各主题活动，各中队都能亮出自己的特色和品牌。

# 第三节　课程案例

## 案例1　遇见诗意，水墨留痕

——统编教材三年级下册语文天地八《大林寺桃花》一案三单教学设计

执教者：泉州市丰泽区东星实验小学　张桂英

### 一、文本解读

统编教材三年级下册语文园地中的"日积月累"栏目，主要安排了四类关于传统文化的材料。第一类是《忆江南》《滁州西涧》《大林寺桃花》等古诗词，描绘了具有东方美学的别致景观，蕴含着诗人的情感与哲思，展现了中国古典文学的魅力。教材力求通过多种路径，呈现中华传统文化的典型符号，增进学生对中华传统文化的认同感。本册语文天地八的积累部分安排了一首白居易的诗——《大林寺桃花》。于是，我们在这里——

（一）遇见最美的桃花

白居易的这首七绝流芳百世，也是我最喜欢的诗作之一。这首诗非常容易理解，虽然创作于1200多年前的唐代，没有古文功底也完全能领会全诗的含义：既无佶屈聱牙的古训典故，也没有扭捏作态的深沉说教，第一句和第三句还算有着诗般雅意，第二句和第四句简直就是平铺直叙的大白话。阐述的事情更是平凡的自然现象：大林寺位于庐山上，由于海拔偏高，气温较低，使得花期延后。但是这平凡的诗句和司空见惯的自然现象，却体现出作者高超的文学修养和深邃的思想见地。此诗第一句"芳菲尽"与第二句"始盛开"，是在对比中遥相呼应，在写景纪实中表达了一种情感上的跳跃，由低落叹春，突变成惊异欣喜，以至心花怒放。同时，诗人着意用了"人间"二字，意味着这一奇遇、这一胜景，给诗人带来一种强烈、特别的感受。而第三句"无觅处"与第四句"此中来"，由一个"转"字自然衔接。"春光"就像一个调皮的孩子，撒开脚丫到处欢跑，还躲起来让你找，又在意想不到的地方突然出现在你的眼前，让人心生欢喜。在这里，白居易把"春光"写得生动具体、天真可爱，且活灵活现。

看似春已尽，实则是春的另一处开始。其实，人生的春天也一样，很多事情都在一"转"之间，带给人无限惊喜。这首诗不仅仅是一首写景诗，更是蕴含佛理的小诗。

(二) 初识"桃花"文化

近年来，统编本教材中的传统文化篇目比重大大增加。学好古诗文，最好的办法就是反复诵读，读得滚瓜烂熟，不用过多地加以阐释，也不要太多活动，宁可多读几遍，再多读几篇。而这首诗正好出现在第八单元"语文园地"的"日积月累"中，目的显而易见，重点是在"积累"，首先读准读通，再整体感知，最后熟读成诵即可。

但如何让"文化"真正立起来，则还可以智慧地以"桃花"为切入口，依托思维导图开展主题式的古诗词学习，一首带多首，在多样而又丰富的"桃花"主题诗句中，带领学生初步感受独一无二的"桃花"文化——或象征生机勃勃的春天，或象征明艳的女子，或象征理想生活的世界……而这些象征，不断丰富学生头脑中对桃花的印象和认识，有效地激发学生对古诗词的喜爱，让学生在童年时光里感受桃花文化之意境。

三、教学目标

1. 正确、流利、有感情地朗读古诗、背诵古诗。

2. 学习借助预学单、共学单初步理解古诗大意，体会诗人爱春惜春的感情。

3. 在拓展对比中积累"桃花"相关诗句，初步感受"桃花"文化的魅力。

### 四、教学重难点

1. 教学重点：正确、流利、有感情地朗读古诗、背诵古诗。

2. 教学难点：走近诗人，了解创作背景，体会诗人情感，感受桃花文化。

### 五、教学过程

**【课前活动】激发兴趣——走近白居易**

1. 播放视频《赋得古草原送别》，回顾学过的白居易的诗，唤醒记忆。

2. 读一读：《池上》《忆江南》《暮江吟》。

3. 导入：今天，让我们跟随诗人白居易，继续走进诗词的世界。

(交流课前预学单，学生简要汇报对白居易的了解。见下图)

> **课前预学单**
>
> 小朋友，三年级课程即将结束，你们一定积累了许多古诗词。白居易有"诗魔"和"诗王"之称，他的诗歌题材广泛，形式多样，语言平易通俗。
>
> 请你做好课前预学任务：
>
> 我知道白居易是：＿＿＿＿＿＿＿＿＿＿＿＿＿＿＿＿＿
>
> 除《大林寺桃花》之外，我还读过白居易的很多诗：＿＿＿＿＿＿＿＿

**【学习古诗】任务驱动——大林寺赏花**

学习任务（一）

在白居易的笔下，大林寺的桃花是怎样的？大家一起初读古诗，到大林寺赏桃花——

1. 初读古诗：请大家拿出共学单一，自由读诗，注意读准字音，读通句子，完成以下学习任务：

```
         《大林寺桃花》共学单
【读出节奏】
          人间四月芳菲尽，山寺桃花始盛开。
          长恨春归无觅处，不知转入此中来。
【读懂诗句】
1. 人间：_____。
2. 芳菲：_____。
3. 觅：_____；此：_____。
【写出好字】
人间四月 ☐☐ 尽，山寺 ☐ 花始 ☐ 开。

长恨春归无觅处，不知 ☐ 入此中来。
```

图 1　共学单一

2. 交流互评：读准节奏、读懂诗句、写出好字。

3. 浸润品赏。

（1）联系生活想象：山下"芳菲尽"与山上"始盛开"有着怎样不同的景象？

（2）对比体会：桃花盛开，天地大美。面对如此美景，白居易的心情发生了怎样的变化？

小结：作者的心情由"低落叹春"变得"心花怒放"，通过"芳菲尽"与"始盛开"的对比，更能凸显诗人此时的惊喜。

4. 走近诗人（出示）：长恨春归无觅处，不知转入此中来。

（1）补充创作背景：相传白居易写这首《大林寺桃花》之前，曾担任朝廷重臣，由于得罪了权贵，被贬江州，担任一个很小的职务——司马。因此，他心情郁闷。一日与友人登庐山游大林寺，触景生情，写下了这首小诗。

（2）师生交流体会诗人心情：诗人"长恨"的仅仅是"无处觅春"吗？一个"转"字，可以体会出诗人的心情发生了怎样的改变？

第三章　星星点灯，点亮童心——星光课程

小结：是呀，桃花象征着春光。对于白居易而言，他从大林寺正盛开的桃花联想到了自己。其实人生也如此，不如意只是暂时的，或许在不远处就有转机与惊喜在等着你。

（3）指导学生有感情地朗读，读出活泼、愉悦的心情。

5. 指导朗读：有感情地朗读古诗（活泼愉悦）——配乐朗读——挑战背诵。

学习任务（二）

历代诗词中，题咏桃花的传世佳句数不胜数。请大家拿出共学单二，读一读，想一想：在诗人的笔下，"桃花"代表着什么？

1. 出示共学单二。

> 描写大好春光：桃花春色暖先开，明媚谁人不看来。
> ——周朴《桃花》
>
> 形容美丽女子：桃花流水窅（yǎo）然去，别有天地非人间。
> ——李白《山中问答》
>
> 表达理想世界：去年今日此门中，人面桃花相映红。
> ——崔护《题都城南庄》

图2：共学单二

2. 小组合作探究，连一连。

3. 交流展示小组主张：学生代表上台分享小组的共同意见。

4. 梳理古诗中传递的"桃花"文化："桃花"象征的是美好与希望，让人向往。

【课后延学】读写创作，水墨留痕——我心中的桃花

1. 出示原创水墨画作品《大林寺桃花》。

2. 请小朋友们课后完成"我为古诗来配画"的读写绘任务。

3. 欢迎大家到丰泽区东星实验小学参观我们的读写绘作品展。

# 案例2　以图促写，学以致用

## ——以统编教材三年级上册《富饶的西沙群岛》（第二课时）教学为例

执教者：泉州市丰泽区东星实验小学　蔡春英

### 一、学情分析

《富饶的西沙群岛》是统编版三年级语文上册第六单元的一篇精读课文。本文介绍了我国南海西沙群岛美丽的景色和富饶的物产，表达了对祖国海疆的热爱和赞美之情。

本课的结构清晰，语言生动，富有儿童情趣。通过总分总的结构，清晰地描绘了西沙群岛的风景和物产。本单元的语文要素是"借助关键语句理解一段话的意思"，在文章的首段就出现了概括主题的语句"那里风景优美、物产丰富，是个可爱的地方"。全文围绕这句话展开描述。课文的第五自然段围绕关键句"西沙群岛也是鸟的天下"展开描述。本课的训练重点是让学生学会发现这段话是围绕一句话来写，从而学会表达的方法，并应用于习作表达。

三年级学生正处在理解和积累词句的关键学段，本文的语言生动优美，是学生语言积累和习作练习的好素材。在教学时运用多种方法引导学生理解词语的含义，并通过多种形式的朗读，引导学生积累和运用语言进行生动形象地表达，启发学生的思维，鼓励学生大胆表达，使学生能够学以致用。总之，本课的教学设计，能让学生丰富语言积累，收获语文学习方法，提升语文学习能力，发展语文综合素养。

### 二、教学目标

1. 有感情地朗读课文，重点学习课文第三到第五自然段，读懂第四自然段中作者抓住特点介绍各种生物的写法，能发现第五自然段是围绕关键句"西沙群岛也是鸟的天下"来写的。

2. 通过借助关键词句理解课文和一段话的意思，提升学生理解感悟和运用语言的能力。

3. 通过学习本课，增加学生对西沙群岛美丽景色和丰富物产的了解，增加学生对于祖国海疆的热爱与赞美之情。

### 三、教学重难点

1. 教学重点：抓住关键词语体会西沙群岛的美丽和富饶。
2. 教学难点：借助关键语句理解一段话的意思。

### 四、教学准备

1. 学生自读课文，搜集与西沙群岛有关的图片和文字资料。
2. 教师准备与课文内容相关的风光片或图片，制作多媒体课件。

### 五、教学过程

**【激趣导入】以"图"介绍——回顾西沙之美**

（播放西沙群岛海水的图片）同学们，通过上节课的学习，我们知道西沙群岛是海南省三沙市的一部分，那里的海一望无际，海水_____（五光十色，瑰丽无比）在阳光的照耀下，沙滩变得金灿灿的，是个_____（风景优美）的地方。这节课，让我们一起潜入奇幻的海底世界，去感受它的丰富物产吧！

设计意图：以旧知引入展示景色优美的词语，让学生在教师营造的语境中复习阅读，重读关键词体会美，以此来导入新课，激发学生对西沙群岛海底世界的好奇心和求知欲。

**【分段学习】以"图"精读——探究西沙之美**

（一）研读海底，学习写法

1. （出示幻灯片）请同学们自由读课文的第三、四自然段，边读边用圆圈圈画出这两段话描写了哪些物产。

（生自由读第三、四自然段，圈画物产）

（生汇报、师板书：珊瑚、海参、大龙虾、鱼）

2. 这些海底物产，你最喜欢哪一种？为什么？

设计意图：让学生通过自由读的方式整体感知西沙群岛海底的丰富物产，培养他们在文本提取关键信息的能力。

（1）学习描写珊瑚的句子

①理解绽放（媒体演示"花儿绽开"）：绽开那瞬间怎么样？请你用朗读读出它的美来。

②仿说训练：西沙群岛的珊瑚有的像绽开的花朵，有的像分枝的鹿角……西沙群岛的珊瑚还可能像什么呢？

③生概括珊瑚的特点（各种各样）。

有一位名师说："朗读可以再现生活。"让我们用朗读读出珊瑚的美丽来。

（2）学习描写海参的句子

①（播放海参动图）你们瞧，海参懒洋洋地蠕动的速度怎么样？

②动作理解"蠕动"。（手背表演）谁来读一读这句？（强调读"懒洋洋"时节奏要缓慢）

③你们也想变成可爱的海参，懒洋洋地蠕动吗？一起读（生朗读体验）。

（3）学习描写大龙虾的句子

①你们见过谁全身披甲？作为海底的大将军，谁能读出他的气势来？（请生评）

②让我们变身大龙虾，读一读这句吧。

设计意图：通过个别读、表演读等各种形式的朗读，学生在读中感知西沙群岛海底的丰富物产，借助插图直观地体会海底生物的美丽可爱。

（4）学习描写鱼的句子

师过渡：同学们读得真好！瞧，有一群鱼儿被你们吸引过来了！此时，你最大的感受是什么？

①作者笔下的鱼更美、更多。请同学们默读第四自然段，用"＿＿＿"画出表示鱼多的词语和句子，用"～～～"画出表示鱼美的句子。

学习方法指导：画好后用端正坐姿告诉老师。仔细听，如果同学找得和你不一样，你要认真思考谁是对的、谁是错的，并及时改正。

②你们从哪个词语或者句子中看出鱼很多？（抽生汇报）

（请生理解"成群结队"的意思并说一句话）

男女生比赛读：西沙群岛的海里一半是水、一半是鱼。（借机板书：重读关键词）

③从哪句话看出鱼很美呢？（抽生汇报）

师介绍：同学们，西沙群岛的鱼种类达400多种，其中比较有名的便是全身布满（彩色的条纹）的小丑鱼，头上长着（一簇红缨）红头鱼，还有周身（像插着好些扇子）的狮子鱼；最奇妙的是河豚，它的眼睛（圆溜溜的，身上长满了刺，鼓起气来像皮球一样圆）。

（边播放图片，边让生借助图片对图朗读）

④作者运用什么修辞手法写出了鱼的美呢？（抽生汇报）

师总结并（贴板书：巧妙用修辞），让生再次朗读第四自然段，感受西沙群岛鱼的多和美。

师学法总结：通过刚才同学们的分享我们知道，这段的第二句写出了鱼的美，第三、四句写出了鱼的多。那这段话中哪句话既写出鱼的多又写出鱼的美呢？像这样放在整段的开头，跟课文标题、主要内容直接相关的语句，就是关键语句。整段的内容都是围绕这句意思来写的。（贴板书：抓准关键句）

设计意图：通过默读，让学生画出描写"鱼多"和"鱼美"的语句，通过交流、梳理、体会，整体感知第四自然段是围绕关键语句"鱼成群结队地在珊瑚丛中穿来穿去，好看极了"来写的，初步感知"跟课文标题、主要内容直接相关的语句，就是关键语句"。

（二）迁移写法，自学海岛

1. 默读第五自然段

思考：这段话是围绕哪句话来写的？说说从哪些地方看出西沙群岛是鸟的天下？

生汇报：茂密的树林、各种海鸟、遍地是鸟蛋、厚厚的鸟粪

师板书：树木多、鸟蛋多、鸟粪多

2. 利用课件理解"鸟的天下"

师：是啊！你们瞧，西沙群岛上空飞的是鸟，树上停的是鸟，地上落的还是鸟，这里到处是鸟，这里是鸟的天下、鸟的天堂！

设计意图：以典型段落引路，引导学生找出关键语句，并借助其理解一段话的意思，让学生在扶到放的学习过程逐步扎实掌握本单元"借助关键语句理解一段话的意思"这一语文要素。

(三) 运用写法，介绍海鸟——描写西沙之美

1. 假如你是西沙群岛的一位导游，你能把海鸟的多和美向大家介绍一下吗？(课件出示要求) 围绕下面标红句子展开描写，从外形、颜色、动作等方面说说西沙群岛的海鸟是什么样子的。

2. (合作学习) 请把你们的想法小声地和同桌交流，同桌介绍得好的你就夸夸他，介绍得不好的你就帮帮他。

3. (开火车汇报) 接下来咱们来进行开火车小游戏，火车开到哪儿就让那里的小导游来介绍下，介绍得好的将会得到五星级导游证哦！要想得到导游证，你必须做到——(指板书) (巧妙用修辞、抓准关键句)

(出示课件) 海鸟成群结队地在海面上飞来飞去，好看极了。它们有的_____；有的_____；有的_____。

师总结：小导游们观察得非常仔细，都是围绕关键句展开介绍的。

设计意图：通过说话训练，检查学生对学法的掌握情况。通过合作探究的方式分享作品，提高学生课堂参与力，关注到不同层次学生的能力水平。以开火车的游戏组织展学，能极大地激发学生的积极性，让他们敢于表达、乐于表达。

【以"绘"展思】

1. 结合板书回顾

西沙群岛是一个什么样的地方？(抽生汇报后，齐读最后一个自然段)

2. 播放图片音乐

生在教师的吟诵中欣赏西沙美景，在赞叹祖国壮丽山河的同时以读悟情。

设计意图：先让学生结合板书直观地解读课文，激发起他们的学习兴趣，理清思路。在此基础上表达心声，真切感人，让学生感受到西沙群岛地区风景优美、物产丰富。最后老师再结合图片以及动情的渲染，把西沙群岛形象直观地再现出来，使学生在读中与作者产生共鸣，唤起他们对祖国壮丽山河的热爱之情，体现阅读训练的层层递进。

【作业超市】

小练笔：从课后的另外三幅图中选择一幅进行描写。

设计意图：此环节意在让学生学以致用，先指导学生口头练习，再让学生课下动笔亲身实践。

【附板书设计】

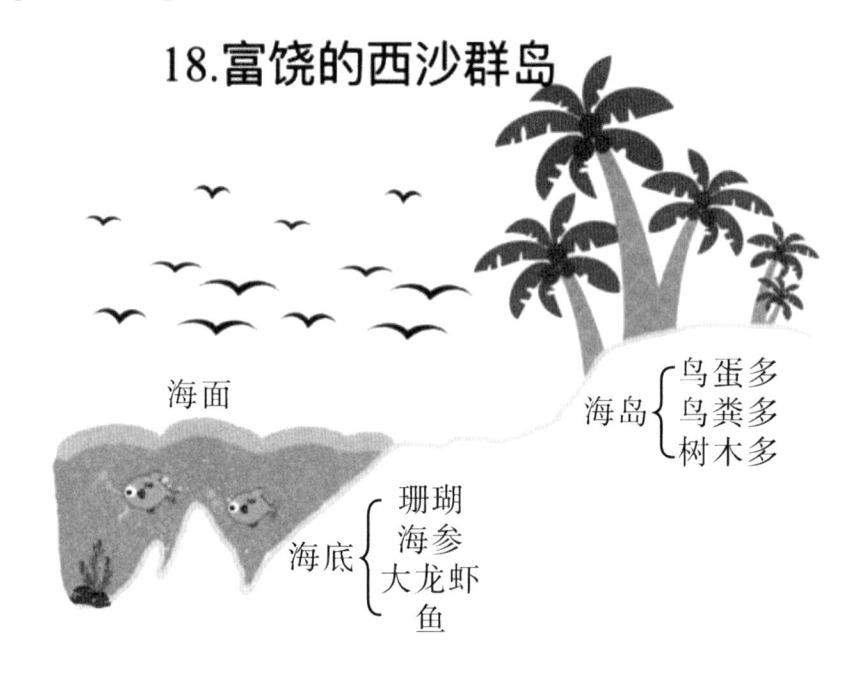

## 18.富饶的西沙群岛

海面

海底 { 珊瑚 海参 大龙虾 鱼 }

海岛 { 鸟蛋多 鸟粪多 树木多 }

# 案例3 读出奇妙,写出画面

——以统编版小学语文四年级下册第八单元《巨人的花园》教学为例

执教者:泉州市丰泽区东星实验小学 蔡凌芳

## 一、教材分析

《巨人的花园》是一篇童话故事,讲述的是巨人的花园发生了几次重大的变化及变化的原因。从这篇童话中,我们可以体会到,能和大家一起分享的快乐,才是真正的快乐。本文的显著特点是运用对比的方法展开故事情节,揭示道理。文中多处进行了对比,如巨人砌墙与拆墙后花园情景的对比,巨人砌墙与拆墙后态度的对比、感觉的对比。正是在这些对比中,故事情节变得跌宕起伏,故事所揭示的道理也自然地显现出来。故事要告诉人们的道理就是:在生活中要学会宽容、学会分享。

## 二、学情分析

四年级学生已经接触了不少童话,但是阅读童话的技巧并未完全掌握。因此,教师在教学设计中,要让学生凭借教材展开想象的翅膀。这样,学生不仅学会了阅读童话,还培养了想象能力。

## 三、教学目标

1. 会认本课的生字,会写本课的生字。
2. 能正确、流利、有感情地朗读课文,能根据课文内容想象画面。
3. 明白快乐应该和大家分享的道理。

## 四、重点难点

1. 重点:一边读一边想象画面,体会巨人在行动上和心理上的变化。
2. 难点:在悟读中初步体会这篇童话在表达上的突出特点。

## 五、教学过程

**【激趣导入】走进花园**

(一) 阅读情况调查表

师：课前让同学们填了阅读情况调查表，想知道哪篇童话让你印象最深刻。

不仅情节很神奇，道理也很深刻。

是啊，故事多奇妙啊！老师发现，让大家印象深刻的有的是人物，有的是情节，还有的是道理。(边说边板贴：人物 情节 主题)

(二) 揭题，板书课题，齐读

今天会有什么奇妙的体验呢？

(三) 阅读课题，引导讨论

**【初读感知】读出花园的变化**

(一) 检查预习情况

1. 出示生字词认读，方式：开火车读、指名读、齐读。(注意正音)

2. 重点指导书写：啸、牌

学生拿出学习单一，一个字写2个。

3. 对这些词语有什么发现呢？(三类 巨人 孩子 花园) 你能用其中一个词，说说和课文相关的内容吗？

(二) 快速浏览课文，并思考

你觉得故事中的这个花园是个什么样的花园？从哪里看出来的？

(三) 交流个体感悟

(生的几种可能：漂亮、神奇、变化多端)

师：这个花园不仅充满生机，孩子们也充满生机，一派春天的景象。(板书：春)

师：这时的花园一幅冬天的画面，确实很凄凉、很冷清！(板书：冬)

师：这里的小生灵不仅有自己的感受，还有自己的行为，多么富有童话趣味！花园里又出现了春天的景象。(板书：春)

【再读故事】读出巨人的变化

（一）出示花园变化的3个句子

"园里长满了……"

"小鸟不肯在……"

"桃树看见孩子……"

1. 指名读。

2. 师：读着读着，听着听着，你有什么发现吗？

同一个花园居然会发生这么大的变化，多奇妙啊！读到这里，你有什么想问的吗？

3. 师引：是啊，是巨人让花园发生了这么大的变化。那就让我们一起走近巨人，去理解、体会巨人的形象。

【品读感悟】"巨人的变化"

（一）默读课文

出示：默读课文，在文中找到描写巨人的语句，画一画，读一读。遇到让你感兴趣的语句，可以多读几遍。

1. 学生各抒己见，说说原因。

预设分享1：(出示)"你们在这儿做什么？他叱责道……"

师：抓住关键提示语来阅读。"叱责"是什么意思？巨人不仅叱责了孩子，还砌起了一道高墙。(板书：叱责 砌墙)

想象一下，此时的巨人心里会想些什么？

听了他的想象，你觉得这是个什么样的巨人？

小结：发现了吗？合理的想象能帮助我们理解人物的形象。带着你的想象和理解，我们再来读读这段话。

预设分享2：课文的第8自然段

师：通过想象巨人的心情，也能够帮助我们理解人物的形象。

预设分享3：(出示)"巨人看见这个情景，心也软了……"

第三章 星星点灯，点亮童心——星光课程

师：朗读带给你更深的理解，我们一起来读读。

"软"读（板书：心软）

在这段话中，"心软"能换成别的词吗？

这么多的词，为什么就用这个"心软"？（会读书，作者用词太准确了，用一个词就能带给我们那么多的感受，让我们带着这种理解再读读。）

2. 点拨理解：想一想，此时的巨人明白了什么？

（出示：想象一下，如果巨人有几句话能对孩子们说，他会说些什么呢？）

你走进了巨人的内心。

你理解了巨人。

师引：同学们，让我们带着这份理解一起来读一读。（齐读）

3. 随机引导去感受体会巨人的变化

他后悔了自己的举动，那他又是怎么做的呢？

（出示）"他轻轻地……"

"巨人悄悄地走……"

"巨人对他们说……"

师引：巨人那么大，此时却是轻轻地走、悄悄地抱，这会是一个什么样的巨人呢？（温柔 善良 柔和）

4. 对比读巨人前后变化的语句

（1）师：此时的巨人变得柔和，这是一个多么触动人的情节啊！让我们一起再读读。（齐读）

此时的巨人不仅心软了，还把代表隔阂的围墙也拆了。（板书：拆墙）

（2）我们再把这些最触动你们的语句对比读一读。

男生读"巨人变化前的句子"。

女生读"巨人变化后的句子"。

（3）师：孩子们，读着读着，听着听着，你又有什么发现呢？

这花园不仅发生了改变，巨人也发生了巨大的改变。你又有什么问题呢？但这是发生改变的真正原因吗？

（4）小组合作学习

学习单二：巨人为什么会有这么大的变化？

生分享，引出："可孩子们却是最美丽的花。"（板贴）

（5）小结过渡：通过朗读，通过想象，我们理解了巨人，也明白了孩子们才是花园里最美丽的花。听，在巨人的接纳下，花园再一次焕发出欢声笑语。想象一下，当孩子们又一次回到花园，他们会做些什么呢？

5. 学习单三：写一写，画一画，发挥想象，把孩子们在巨人的花园里尽情玩耍的情景写下来吧！

（1）学生个人约3分钟写

（2）生配乐分享

**【美读小结】**

师小结：这就是童话，通过文字中的奇妙想象，也引发了我们无限的想象。（板书：奇妙  想象）

大家的想象都很美好，让我们延续这种美好，读一读故事的结尾。

齐读最后一小节。

读读原著的结尾。

**【拓展延伸】**

师：这就是童话，带给我们奇妙的人物、奇妙的情节，带给我们无限的美好启示。在《宝葫芦的秘密》中，王葆和宝葫芦会发生什么趣事呢？在《海的女儿》中，小人鱼为了成全王子化成了泡沫，这又会让你感受到什么呢？看看，在这些童话中，我们明白了很多道理。所以有人说，童话应该伴随人的一生。随着年纪的增加、阅历的增加，再回过头来读这些童话，会有更深刻的感受。

推荐阅读原著《巨人的花园》

推荐阅读王尔德的其他童话《快乐王子》《夜莺与玫瑰》

（多媒体课件出示）

多多阅读，你会收获更多的美好！

**【板书设计】**

巨人的花园

花园　　美丽　凄凉　可爱　人物的动作　语言

巨人　　自私　后悔　无私　对比

学会分享　获得快乐

## 案例4　精心劳作，创新无限

——人教版四年级下册劳动教育《水培生菜，移栽定植》教学设计

执教者：泉州市丰泽区东星实验小学　吴月梅
指导者：泉州市丰泽区第五实验小学　郑安徽
泉州市丰泽区东星实验小学　林美华

### 一、学情分析

东星实验小学已经在"金种子农场"开展了一系列劳动种植课程，因此四年级学生已经有了较强的动手能力，对无土栽培技术有简单的了解。前期，农场已经培育了生菜小苗，小苗多而密，急需移栽。本节课，力求让学生学会"水培生菜——移栽定植"这项劳动技能。

### 二、教学目标

1. 学习用铲子、定植棉、定植篮，移栽定植生菜，体验简单的劳动。
2. 在劳动中，体验劳动的快乐和艰辛，养成良好的劳动习惯。

### 三、教学重难点

正确使用定植棉、定植篮，定植生菜。

### 四、材料准备

课件、教学评价单、种植盒、管道水培架、定植棉、定植篮、手套、镊子、抹布、铲子、玻璃缸

## 五、教学过程

【情境导入】

1. 管道水培种植架。

2. 链接生活,唤起生活经验。问:生活中,你见过水培植物吗?

【移栽定植的方法】

1. 认识水培生菜移栽定植工具。

①水培管道种植架(双面立体、定植孔)

②定植孔、定植篮、定植棉

③辅助工具:镊子、铲子

2. 移栽定植生菜苗的步骤。

(1) 小组交流讨论

(2) 教师小结、板书:

起苗—洗苗—裹棉—塞篮—置孔—清洁

3. 展示家庭简易装水培种植盒。

4. 讨论分工、工具,并填写分工表。

| 第_____小组《水培生菜——移栽定植》分工表 |||
| --- | --- | --- |
| 任务 | 负责人 | 工具 |
| 起苗 | | |
| 洗苗 | | |
| 裹棉 | | |
| 塞篮 | | |
| 置孔 | | |
| 清洁 | | |

5. 梳理注意事项,提取重难点。

(1) 生菜起苗要注意什么?

(2) 洗苗要注意什么?

(3) 使用定植棉需要注意什么?

(4) 放进定植孔要注意什么?

总结梳理要点：倾斜铲子、清洗干净、包裹根茎、垂直塞进、垂直放入、干净整洁

6. 出示评价表

<table>
<tr><td colspan="5" align="center">第___小组《水培生菜——移栽定植》评价表</td></tr>
<tr><td>步骤</td><td>评价要点</td><td>劳动素养</td><td>自评</td><td>互评</td></tr>
<tr><td>起苗</td><td>倾斜铲子</td><td>劳动能力</td><td>☆☆☆</td><td>☆☆☆</td></tr>
<tr><td>洗苗</td><td>清洗干净</td><td>劳动习惯和品质</td><td>☆☆☆</td><td>☆☆☆</td></tr>
<tr><td>运苗</td><td>认真负责</td><td>劳动观念</td><td>☆☆☆</td><td>☆☆☆</td></tr>
<tr><td>裹棉</td><td>包裹根茎</td><td>劳动能力</td><td>☆☆☆</td><td>☆☆☆</td></tr>
<tr><td>塞篮</td><td>垂直塞进</td><td>劳动能力</td><td>☆☆☆</td><td>☆☆☆</td></tr>
<tr><td>置孔</td><td>垂直放入</td><td>劳动能力</td><td>☆☆☆</td><td>☆☆☆</td></tr>
<tr><td>清洁</td><td>干净整洁</td><td>劳动习惯和品质</td><td>☆☆☆</td><td>☆☆☆</td></tr>
<tr><td>评价<br>等级</td><td colspan="4">优秀（30☆以上）良好（25☆以上）合格（14☆以上）<br>总星数：　　　　　等级：</td></tr>
</table>

7. 师提问："你还有什么要提醒同学们的？"

出示温馨提示：

1. 实践前：明确分工，组长领取材料，戴好手套（置孔）。

2. 实践中：(1) 注意安全。劳动工具不要对着别人，动作轻而慢，避免将土、水弄到身上，手不小心碰到营养液及时清洗。(2) 不要踩坏田埂和农作物。

3. 实践后：组长归还劳动工具和材料，有序回班级。

【小组合作】实地劳作

【成果展示】评价总结

1. 反思与评价

(1) 投屏展示劳动成果。

(2) 在水培生菜定植中，你们遇到了什么困难？采取了什么办法解决？

(3) 交流评价，填写评价单。（自评、互评）

（4）交流：说说这节课，你们有什么收获？今后你会怎么做？

2. 布置任务：课后请大家观察你们小组水培生菜的生长情况，记录好以下表格。下节课，我们将继续学习水培生菜养护管理。

<table>
<tr><td colspan="5" align="center">第____小组水培生菜观察记录表</td></tr>
<tr><td>日期</td><td>天气</td><td>营养液循环情况</td><td>作物生长情况</td><td>处理措施</td></tr>
<tr><td></td><td></td><td></td><td></td><td></td></tr>
<tr><td></td><td></td><td></td><td></td><td></td></tr>
<tr><td></td><td></td><td></td><td></td><td></td></tr>
<tr><td></td><td></td><td></td><td></td><td></td></tr>
</table>

【板书设计】

水培生菜——移栽定植

①起苗　倾斜铲子

②洗苗　清洗干净

③运苗　认真负责

④裹棉　包裹根茎

⑤塞篮　垂直塞篮

⑥置孔　垂直放入

⑦清洁　干净整洁

温馨提示：注意安全　保护小苗

# 案例5　能量汇聚，创意设计

——浙科版五年级上册综合实践活动课程
《特色班级文化布置——动手制作》教学设计

## 一、活动目标

1. 了解班级文化布置的内容和要求，通过调查活动，能发现并提出问题，确定创意内容。

2. 通过观看视频和图片，唤醒经验，能根据特色进行创新设计，提高清晰阐述设计理念和规划设计的能力。

3. 通过创意设计，增强组员间的分工合作和班级凝聚力，提高动手创意设计能力，培养创新意识和审美意识。

二、活动准备

方案表、教室的区域图片、完美教室设计方案、课件。

三、活动过程

【课前交流】

1. 欣赏班级的活动掠影（配班歌：《最初的梦想》）

2. 全班学生：我们是兰花阁中队。我们的班训是"友爱、惜时、勤奋、互助、共同进步"。

师：自古以来，人们爱兰、种兰、咏兰、画兰。我们班以兰花为灵魂，携手建设墨香班级，开展兰花系列班本课程，共同"缔造完美教室"。

【谈话交流，明确主题】

1. 出示评选结果，聚焦"班级布置"

**2020年秋季泉州市丰泽区东星实验小学班级文化建设表**

| 班级 | 班级布置<br>（3分） | 学习氛围<br>创设（2分） | 课桌椅摆放<br>（0.5分） | 卫生角<br>（0.5分） | 图书角<br>（2分） | 小小讲解员<br>（2分） | 得分 |
|---|---|---|---|---|---|---|---|
| 兰花阁中队 | 1.5 | 1.8 | 0.5 | 0.5 | 1.8 | 1.9 | 8 |

师：一年一度的班级文化建设又要拉开序幕了！这张是我从学校德育处拿到的评分表，我们看一下去年这个班级的得分情况。

师：看到这些数据，你有什么发现？（生：班级整体比较干净。生：分数不是很高。生：班级布置扣分太多了。）

2. 研读要求，认识内容

（1）出示班级布置评选要求

班级布置：展现中队文化、中队特色，突显中队主题，充分展示"缔造完美教室"内容，要符合学生年龄特征和心理特征，主题鲜明，彰显班级个性，并起到激发学生主动参与、体现学生的主人翁意识的作用。(3分)

根据学生回答，梳理贴板书：

要求：

- 突出特色
- 内容完整

(2) 了解"缔造完美教室"的内容

师：一份完美教室的内容包含哪些？这是我们班"完美教室"设计方案。

(出示501班"缔造完美教室"设计方案，学生观察回答)

教师贴板：班名、班训、班歌、班徽、班规、班级格言、班级图书、班级独创活动、班本课程。

3. 对照要求和内容观看视频，发现问题

(1) 播放班级视频，学生观看。

师：对照评比要求和"完美教室"的内容，大家边看视频边思考：我们班在班级布置上存在哪些问题？

(2) 学生回答，教师梳理问题：主题不突出、内容不完整、有些角落可以改进，等等。(第三个方面没有说到也没关系)

预设：

生：布置比较简单。师：举例一下。生：教室门、图书角。师：班级的特色主题不突出。

生：没有班训、班级格言、班歌。师："完美教室"的内容不完整。

生：教室门后面的这堵墙壁只有一个时钟，太空了点。师：这个区域我们可以进行改进，增加些内容进去。

生：班级的独创活动比较少，比如体现兰花知识和精神没有看到、"手拉手"活动没体现。师：真是眼光独到，一眼就抓住文化布置的精髓，要凸显我们

第三章　星星点灯，点亮童心——星光课程

兰花阁中队的灵魂。

4. 揭示课题

师：大家都有一颗玲珑心，发现了这么多问题。看来，我们想在评比中脱颖而出，就得在特色上下功夫。今天的综合实践课，我们将进行一场特色班级文化布置。怎样布置才能更具有特色呢？这就需要发挥我们集体的智慧，进行创意设计。（板书课题）

**【分组讨论】** 确定改造的区域与改造方法

1. 观察图片并讨论

每小组观察3张图片，讨论：哪些区域的主题、内容、功能、形式等不能改造？哪个区域需要改造？你将怎样进行改造？（教师提前板书　区域：班级门口、时钟处、图书角、卫生角、特色角、后墙壁、橱柜）

## 《特色班级文化布置》观察记录表

| 观察区域 | 观察结果 ||
|---|---|---|
| | 内容、主题、功能、形式等不能改动 | 内容、主题、功能、形式等能改动，可以怎样改动？ |
| 1. | | |
| 2. | | |
| …… | | |

2. 小组汇报

在学生汇报中，教师重点关注两个方面：改造要注意的点和改造的方式。

（1）师：学校在"缔造完美教室"时，有规定一些内容必须凸显，不能改变的，大家找找看。

学校规定展示的内容不能动。教师边板书边把不能改动的区域拿到下方。

（2）师：哪个区域需要改造？你将怎样进行改造？（学生自由汇报，教师点拨）

- 影响功能使用的不能动。比如窗户、前面的黑板。（再想想还有什么？）

- 有的可以改主题、改装饰、改内容……（还有其他吗？）
- 增加后不能影响上课注意力，不能淡化了主题。

（在对话中，板书如下：

方式：改主题、改装饰、改内容

要求：简洁大方）

3. 讨论确定区域放置的内容

根据要改造的区域，围绕"体现中队特色"和"缔造完美教室"的内容（指板书）进行讨论，重点引导"完美教室"里的内容要放置的地方。

师：设计时我们要考虑凸显中队主题和"完美教室"的内容，你觉得这些特色内容要放在哪些区域比较合适？

师：班徽只体现在信息栏里，还是可以在其他区域再凸显吗？（生：教室门）

师：班歌呢？（生：可以放在信息栏里，把方案变成班歌）

师：班训和班级格言呢？内容都是比较少的。（班训放在宣传栏里，班级格言可以放在时钟的上方。）

师：班级独创活动里的"手拉手"学习互助小组。（放在前黑板前面。）

师：班级独创活动里的兰花知识和精神的普及。（放在特色角和宣传栏里）

师：还有哪些区域可以增加内容进去，或者改变内容？（生：国画作品的展示尽量要有一幅体现兰花）

师：像教室门后面的这面墙，除了放格言、学习互助小组，还可以放哪些内容？

师：比如这个墙角区域，空间大，除了放置这些工具、摆一盆兰花，还可以放什么内容？

【认领区域】制定设计方案

1. 组合成6个任务

师：众人拾柴火焰高，集体的智慧总是强大的，大家提了这么多的意见和方法。现在，我们开始认领区域进行设计。我们有11个区域，却只有6个小组。

那么，改造内容比较简单的可以合成 1 个任务。

2. 欣赏图例，链接经验

师：看完视频，有没有心动的感觉？现在，让我们一起带着创意走上我们的设计之旅。

3. 小组选设计任务，合作填写设计表

4. 展示汇报

在学生汇报中，重点关注每组的内容和采用形式是否匹配、形式是不是合理、全班总的表现形式是不是丰富多样。

伺机板书：形式丰富

师：刚才的汇报中，我们发现改造的方式有改主题、改内容、改装饰，改装饰里又有剪纸、刻纸、手工作品等，形式真的是丰富多彩。

5. 填写材料和工具，对材料的选择是否合理进行评议

【布置任务】完善方案

出示课件：

1. 课后进一步了解其他班级文化布置的情况，再次完善方案。

2. 根据设计准备好部分材料和工具。

师：凡事预则立，不预则废。这节课，我们通过讨论交流，发现了班级文化布置中的问题，并提出了设计方案。方案的设计是否达到"完美教室"的评价标准？课后，请大家参观其他教室，或者线上参观兄弟学校的文化布置，看看他们有哪些特色值得我们去借鉴。根据参观调查，再次完善方案，并根据设计准备好部分材料和工具，下节课我们将进行制作展示。

【板书设计】

特色班级文化布置——创意设计

| 设计要求 | 区域 | 内容 | 方式 |
| --- | --- | --- | --- |
| 1. 突出特色 | 班级门口 | 班名 | 改主题 |
| 2. 内容完整 | 时钟区 | 班训 | 改内容 |

3. 简洁大方　　　　前黑板　　　　　　班徽　　　　　　改装饰
4. 形式丰富　　　　图书角　　　　　　班规　　　　　　……
　　　　　　　　　卫生角　　　　　　班级格言
　　　　　　　　　右墙壁　　　　　　班级图书
　　　　　　　　　特色角　　　　　　特色活动
　　　　　　　　　宣传栏　　　　　　班本课程
　　　　　　　　　橱柜
　　　　　　　　　窗户
　　　　　　　　　后门

## 案例六　勇于实践，团结合作

——人教版一年级上册劳动教育《我给"空中花园"植物养护》教学设计

执教者：泉州市丰泽区东星实验小学　粘佳宜

### 一、活动背景

一年级的学生生性好动，特别喜欢动手操作类的实践活动，学习能力较强，对生动形象的事物比较感兴趣。在尝试浇水的劳动过程中，学生多动手实践、动脑思考和动口表达，从而培养动手能力和勇于实践、认真负责、团结合作等高尚品质，并且在心中建立自己的劳动知识架构，运用到平时的生活劳动中，达到教学的主要目标。

### 二、学情分析

经过一个多学期的学习生活，一年级学生的各项能力有明显的提高，但学习专注力的有意注意时间还相对较短。因此，在教学方法的选择上，仍然需要采取有趣味性的形式，使学生掌握浇水步骤。根据第一学段的任务群4农业生产劳动的内容要求，本次劳动活动着重培养学生爱护植物的意识，让学生知道身边植物的养护方法，掌握技术要点，并引导学生能表达参与劳动的喜悦之情，知道劳动需要长期坚持的道理。

## 三、活动目标

劳动观念：通过植物的浇水活动，掌握浇水知识，培养植物基本浇水观念。

劳动能力：掌握给植物浇水的劳动要点，正确使用劳动工具。

劳动习惯和品质：通过劳动实践，初步养成自觉自愿、认真负责、吃苦耐劳、团结合作等品质。

劳动精神：在浇水过程中，能够体会到劳动的快乐，有植物浇水意识，主动承担起"空中花园"的植物浇水任务。

## 四、活动准备

水盆、水壶、水勺、漏斗、盆栽、抹布。

## 五、活动过程

**【情境导入】明确任务要求**

1. 出示学校"空中花园"一景图，明确学习要求。

2. 为什么会有上述情况呢？结合平时的生活经验谈一谈。

3. 教师总结原因：植物需要我们用正确的方法来养护。那么，如何才能正确地进行浇水呢？我们一起来支招。

设计意图：以观察学校"空中花园"一景图的教学导入来勾起一年级学生的学习兴趣，从而有效地进行教学。

**【观看视频】掌握浇水四步骤**

1. 浇水的时候会用到哪些工具呢？（水盆、水勺、漏斗、水壶）

重点讲解"漏斗"的作用：灌水，不会洒。（现场示范）

2. 平时生活中，你看到别人是怎么浇水的？（生交流）

3. 观看视频，视频中的同学是怎么给植物浇水呢？（技术要点）

4. 交流正确浇水步骤，师示范，生演示，其他生评价。

（1）选对壶：选择合适的水壶。长嘴壶：便于植物根部的浇水。喷雾壶：保持叶子的湿润。

（2）灌好水：把水灌进水壶里。用漏斗，防止洒出。

（3）浇透水：用长嘴壶把水浇进植物的土里。慢慢浇，不能冲，要均匀，并且浇透。

（4）喷湿叶：用喷雾壶喷叶子，保持叶子的湿润。

（5）理工具：整理桌面，归放工具。

设计意图：浇水视频将浇水的步骤清晰直观地呈现在学生面前，降低了学习难度。教师的示范及学生的演示，是为了接下来的课堂实践部分更好进行。让学生了解了具体的浇水步骤及技术要点，才能更好地实践。

【小组分工】合作浇水

1. 出示表格，小组成员合理分工并填写。

| 第（　）小组　《给植物浇水》分工表 ||| |
|---|---|---|---|
| 负责事项 || 负责组员 | 所需工具 |
| 观察、汇报 | 用心、认真 | | |
| 选壶灌水 | 长嘴壶：根部 | | 长嘴壶、喷雾壶 水盆、水勺、漏斗 |
| | 喷雾壶：叶子 | | |
| | 扶漏斗、拿水勺 | | |
| | 双手扶水壶 | | |
| 浇水 | 慢慢浇，不能冲 | | 盆栽、水壶 |
| | 转花盆，浇均匀 | | |
| 整理 | 整理桌面 | | |
| | 收纳工具 | | |

2. 注意事项：

（1）拿物品时轻拿轻放。（要爱惜物品，不损坏、不破坏）

（2）用水时小心谨慎。（不要将桌面、地面洒得到处都是水）

（3）时刻爱护植物。（爱惜植物宝宝，不摘、不拔、不捏）

3. 小组内分工进行实际操作。

4. 小组代表进行汇报。

设计意图：劳动课最特别的属性是实践性。所以，课堂知识的学习，是为了学生实践能力的培养。本环节提供了浇水的实践平台，让各小组进行明确合理的分工，进而共同完成浇水任务。这个环节必不可少，这样才是一节完整的劳动课。

【评价单】全面考核评价

1. 小组内互评，填写评价表

第（　　）小组　植物浇水我能行（评价表）

| 评价维度 | 评价要点 | 评定星级 |
| --- | --- | --- |
| 劳动能力 | 选对壶 | ☆☆☆☆☆ |
| | 灌好水 | |
| | 浇透水 | |
| | 理工具 | |
| 劳动观念 | 浇水意识 | ☆☆☆☆☆ |
| 劳动习惯和品质 | 认真负责<br>团结合作 | ☆☆☆☆☆ |
| 劳动精神 | 主动承担<br>浇水任务 | ☆☆☆☆☆ |
| 小组共获（　　）颗星 | | |

2. 小组代表汇报点评

设计意图：评价主体的多元化，实现了多维评价，是对学生学习的多方面表现能力的考量，对学生的劳动能力、劳动观念、劳动习惯和品质及劳动精神有一个全方位的评价，让学生在评价中肯定自己，建立劳动信心，收获愉快的劳动体验。

【总结提升】户外体验

1. 根据课堂知识学习和经验分享，把浇水工具分发给每个小组，进行"空中花园"的户外体验，给一年段共同种植的植物宝宝浇水。

2. 户外体验前提醒注意事项：

（1）注意安全，勿乱跑。(听从老师口令，不要追逐打闹)

（2）爱护植物，勿损害。(爱惜植物宝宝，不随意践踏、采摘)

（3）节约用水，勿浪费。(小心水溅到我们的身上，注意用水安全，同时要节约用水)

3. 户外体验结束后，学生谈感受。

4. 教师评价，评出最棒浇水小组。

5. 布置课后一个月的浇水任务，后续举行分享会。

| 第（ ）小组 | "空中花园"浇水任务单 | | |
|---|---|---|---|
| 时间 | 植物状态 | 养护内容 | 评一评 |
| 第一周 | | | ☆☆☆☆☆ |
| 第二周 | | | ☆☆☆☆☆ |
| 第三周 | | | ☆☆☆☆☆ |
| 第四周 | | | ☆☆☆☆☆ |

设计意图：利用学校"空中花园"这一特殊场地，学生在教师有针对性地指导下，全班分组分区域进行实际操作，初步具有关心、照顾身边植物宝宝的责任心和劳动的安全意识。课后还布置了一个任务单，指导学生定期对植物进行养护，并以文字或图画等方式记录植物的生长状态，以一个月为周期开展浇水经验分享会，连接课堂内外。

# 第四章　星光灿烂，自如绽放——星光课堂

在夜空中，星光璀璨，熠熠生辉，犹如一朵朵盛开的花朵，自由而自信地展示着它们的美丽。星光课堂，也同样如此。它像一颗明亮的星星，闪耀着独特的光芒，为我们的教育事业注入了新的活力。幸福，源于创造。创造，是在行动中追求完美、追求卓越。东星实小在积极践行新教育的理想课堂理念的同时，充分关注城乡学生的差异，注重课堂微观公平，以善良为基础，逐步形成了独具特色的星光课堂模式。自如绽放的星光课堂，不仅需要扎实的教学常规，更需要构建新的发展形态，以适应不断变化的教育环境。同时，还强调发挥创造工具的作用，激发学生的创造潜能，培养他们的创新精神。在这个课堂上，教师和学生共同成长、相互促进：教师以善良之心去关爱每一个学生，引导他们探索未知、挖掘潜能；学生则在教师的引导下，积极参与，勇于创新，形成自主学习的能力。

## 第一节　星光课堂的变革背景

东星实小站在一个全新的起点上，如何起航？我们从哪里来？要到哪里去？我们认真梳理校史，采访教育前辈，问道名校，学习榜样，紧跟国家政策，用两年多的时间架构起新时期教育事业的基础框架，稳步前进。

## 一、减负提质，思想先行

"双减"政策下，东星实小第一步便是"思想快转型"，目标直指"减负"和"提质"，广泛开展课后延时服务。我们深知，这"双减"背景下，首要完成思想的转型、内容的转型、方法的转型、模式的转型、评价的转型。

我们的育人方式亦"从管理走向服务、从带领走向引领、从教师走向学生、从校内走向校外、从分散走向整合"。"五个走向"着力提升本校教师专业素养，锤炼科研基本功，改变育人方式。

2021年10月25日，东星实小召开全体教师大会，针对"双减"工作制定方案并进行解读，提出从作业减负、课堂效率、课后服务、个性发展等四个方面出发，力求做到有增有减，全力打造优质课堂；创新服务，着力促进个性发展；从严监管，聚力构建校园活力生态的总要求。

教师们做到"三减三加"。"三减"，减的是学科作业量、教辅材料、重复机械性作业；"三加"，加的是教师作业设计教研、作业的开放与选择性、学生高效作业习惯养成（做到当堂清、当日清、不离校）。"三加三减"为东星实小全体教师落实"双减"提供了方向性指导。

## 二、"两控"切入，提升质量

### （一）总量减下去：严控作业总量，切实兑现学生作业"轻负担"

减负之减，首要是切实减少作业量多带来的负担。严格执行、规范执行，才能切实减轻学生作业负担。

1. 总量协调，确保作业上限"天花板"

量减，来自集体改变，更来自精准管理。学校课程部通过常态作业监控来敦促各年级的总量控制，用"班级作业公示栏"来整体调控班级各学科作业布置

的"整体运营"。(见图12)

| 教师及科目 | 周一 | 周二 | 周三 | 周四 | 周五 | 周末 |
|---|---|---|---|---|---|---|
| 英语教师 | 15分钟 | | | 15分钟 | | 10分钟 |
| 语文教师 | 25分钟 | 30分钟 | | 15分钟 | | 30分钟 |
| 数学教师 | 20分钟 | 20分钟 | | 15分钟 | | 20分钟 |
| 科学/音乐/美术教师 | | | | 科学15分钟 | 音乐20分钟 科学30分钟 | |
| 德育班主任 | | 10分钟 | 亲子主题会议 | | | |
| 总时长 | 60分钟 | 60分钟 | 40分钟 | 60分钟 | 50分钟 | 60分钟+ |

图12 整体调控班级各学科作业布置的"整体运营"图

整体科学安排，更需要专人专项的协调班级作业公示栏调度。各班班主任为第一负责人，进行班科作业的整体协调，同时要求科任教师要有"互让"意识。每日班级的整体作业单上，首位布置作业的教师要留有余地，末位布置作业的教师要让路减量，由班主任负责控制整体作业量"不超载"。(见图13)

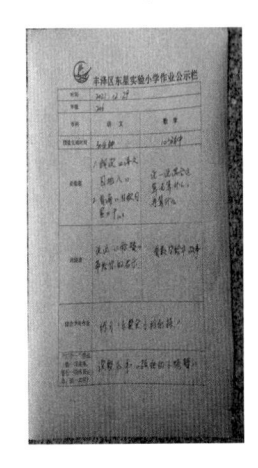

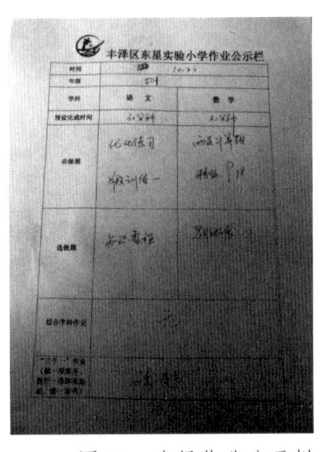

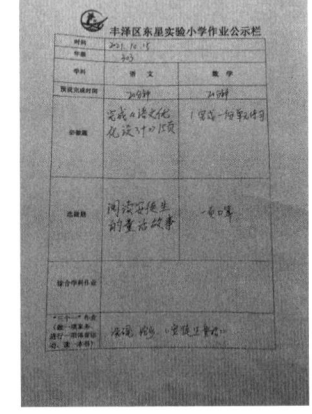

图13 班级作业公示栏

学校教务处要求各个班级每天都要公示学科布置作业情况，并拍照上传到班主任群。教务处及时了解布置作业情况，及时做好把关调控。

2. 学科协调，作业时速运营"效率板"

学科教研中，展开对各学科常见作业类型的作业时速调研，以抽样调查的形式邀请家长反馈每天学生作业总时长，精准把握对于不同学科中不同层次学生的作业常态速度，做到心中有数。特别是关照后5%的学生，不让作业成为压弯学生当日休息的"最后一根稻草"。

3. 批改规范，作业批改建议"规范板"

| 作业布置的形式及作业时间 | 作业形式多样 | 即时作业和长时性专题作业相结合 |
| --- | --- | --- |
| | | 个人作业、小组作业和全班作业相结合 |
| | | 单一性作业和趣味性作业相结合 |
| | 作业时间控制 | 课内作业课堂完成 |
| | | 分层和弹性作业 |
| | | 一二年级无书面家庭作业 |
| | | 三到六年级作业总量不得超过1个小时 |
| 作业书写格式及批改建议 | 作业格式 | 作业有日期、内容、番号 |
| | | 作文首页编写目录 |
| | 作业书写 | 强调习惯、明确要求、及时帮助 |
| | 作业收发 | 有发必收，有收必改 |
| | | 优秀个案展示分析 |
| | 作业批改 | 重点作业精批细改 |
| | | 少数作业集体订正 |
| | | 个别作业专门辅导 |
| | 批改符号 | 红笔批改、约定符号、适当评语 |
| | 作业讲评 | 总结共性问题、摘录典型错题 |

图14 作业批改建议"规范板"

学校教研室明确对于各班作业的常态监控机制，形成《东星实验小学教师作业批改规范与建议行动约定》，以共同的行动标准，确保各学科团队作业总量的整体运营水准。（见图14）

（二）优化设计：巧控作业内容、形式，促进作业效能"高效"

减负必须提质。除了总量控制以外，作业的布置必须经过教师的深思熟虑。作业设计力求形式多样、分层布置，在巩固课堂知识的基础上，充分挖掘学生的潜力，发展学生的思维，培养学生的能力。

1. 整体考虑，因材施策

立足学生学习活动整体考虑，系统、科学、合理地设计不同层次的作业，引导学生自觉预习、及时整理和巩固所学知识，并使知识转化为能力。切实减少简单记忆、机械重复的练习，精心选择与学生基础相适应的、重在迁移运用的作业。

教师要精心进行作业布置，关注学生的个体差异，增强作业的层次性、适应性和可选择性，满足学生的不同发展需求；要针对学生的能力和书写等因素，把作业划分为"必做、鼓励做和选做"三个层次。（见图15）

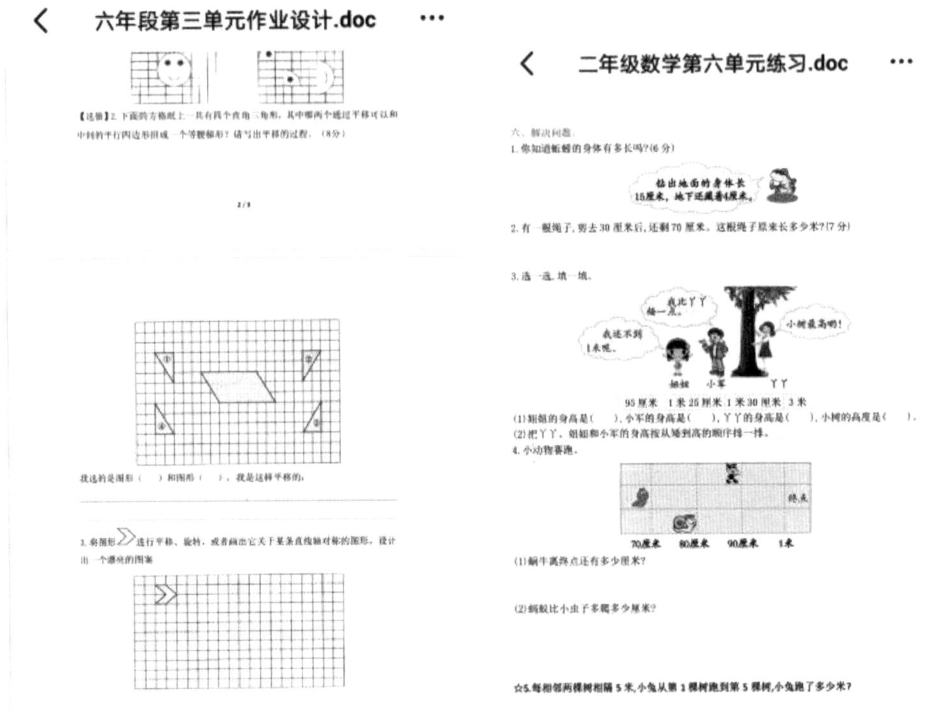

图15　差异化作业设计

减轻学生过重负担，激发学生学习兴趣。帮助学生养成良好的学习习惯，掌握科学学习方法，提高发现问题、分析问题和解决问题的能力，培养独立性、责任心、创新精神。要避免因作业过多或难度过大而出现的敷衍、抄袭问题。鼓励在假期中，音乐、美术、体育及科技等学科布置适量的实践性作业。加强作业形式的灵活性和生动性，调动学生的学习积极性和创造力。

2. 严控作业，提高实效

（1）精选作业内容。学校各学科教研组（或备课组）必须坚持研究学生作业布置的相关问题，在作业内容、数量、要求等方面，经过组内成员集体讨论，提出学生作业周布置计划。精选作业内容，实施有效作业，确保作业具有典型性和启发性。作业的布置要依据新课程标准和教材内容及课程目标要求，认真精选具有典型性和代表性的习题，要有利于学生理解和巩固所学知识，激活思维，培养创新能力。

（2）科学设计作业形式。丰富作业形式，提倡布置探究性、实践性的家庭作业。作业形式应结合学生的实际，除布置一定量的家庭书面作业外，应加强作业形式的灵活性和趣味性，调动学生的学习积极性和创造力。既要有练习型、准备型作业，也要有扩展型、创造型作业。除书面作业外，要鼓励编制口语交际作业、综合实践作业、实验操作作业，逐步实现作业形式的多样化和个性化。

（3）给学生选择的权利。尊重学生学习上的差异性，提倡把作业形式划分为"必做作业+鼓励做作业+选做作业"模式，使各层次的学生都有收获。

（4）建立"教师下水作业"制度。即凡是要求学生做的作业，教师必须先做一遍。教师在先做作业的过程中，了解作业的难易程度、所需时间、规范格式、容易出错的地方和适宜的学生群体，做到布置作业适量且具有针对性。

（5）坚决杜绝给学生布置机械性、重复性、难度过大的作业。不允许教师用增加作业量的方式或罚写、罚抄等形式惩罚学生。

（6）师生都要建立"错题本"体系。注重对作业中发现的问题进行收集、整理、反思，然后深入分析作业的过程表现，研究、归纳学生共性的作业错误，分析致错原因，为作业讲评和学习改进积累资料。

## 三、完善作业架构，系统推进作业布置"优精准"

东星实小致力于系统建构、整体推进，建设多学科作业设计的整体蓝图，固化来自不同学科教师的亮点作业，连点成线，促进各学科形成特色作业的"校本产品"，帮助教师团队改变对于作业的宏观思考，整体提高作业布置能力。近年来，课程部带动各学科形成了多类作业产品1.0版本，为"双减"背景下的作业研究再发力奠定了基础。

### （一）阅读作业：形成小学全学科阅读书目单

学校一改小学教育中阅读任务大多被语文占据的设计思路，每月定期推进小学全学科阅读单，借助教研组的整体研究给出全学科阅读推荐，改善学生阅读格局。

### （二）劳动作业：形成"宅家小公民"劳动作业体系

2020年新冠肺炎疫情期间，学校德育组开启"宅家小公民"劳动课程作业的研究，以"校务劳动""家务劳动""社会劳动"为主轴，丰富学生劳动作业安排的整体思考，让每个学段劳有所得。（见图16）

图16 校内外劳动

### （三）寒假作业：形成"核心素养"假期作业整体校本菜单

学校课程部组建专人专班设计基于核心素养的寒暑假作业的整体菜单，从培养完整的人的角度，去整体统筹假期作业的创新设计和整体建构，形成"核心素养"假期作业整体校本菜单，供学科教师选择。

（四）节日作业：形成年度节日课程系列设计实践活动

学校秉持"五育并举，点亮童心"的办学思路，德育组通过多年的行动积累和整体设计，将每年重要的节日和纪念日，按照八个类目整体统整，让行动能够连点成线，逐年强化实施。

## 四、延时服务，广泛开展

从政策的学习到具体课堂环节的调整再到作业的设置，以及"双减"政策下的家庭教育指导，东星实小都紧紧围绕着既要"减轻学生课业负担""减轻家长负担"，又要提升办学品质、提高教学质量的总目标。

于是，东星实小迅速响应上级文件要求，构建全方位课后服务体系——全校90%的孩子参加午间托管服务，仅10%的家长中午来接孩子回家吃午餐；下午四点半课后服务时段参与人数达60%，全时段无缝隙对接。精心设计课后延时服务课程，完善课后服务管理，优化学校教育生态。发挥课后服务时段的育人功能，重视学生全面发展；满足学生个性化发展需求，注重因材施教。公开招标配餐公司，中央厨房科学搭配膳食，统一配送营养午餐；开展"有序、有趣、有效"的丰富课程；低年段一周有4个下午只上3节课，精心设计添加了游戏类体适能活动；中高段的延时服务更侧重于书面作业的指导和阅读活动的开展。与此同时，还开设丰富多彩的拓展型课程及社团活动供孩子们选择，学校校队训练和个性化培养分散开设，让更多的孩子享受多样优质的精品课程服务。两年多的午间托管，"双减"之后，东星实小开设了430课后延时服务，深受家长和社会各界的好评，泉州各大主流媒体争相采访报道。东星实小因足球特色社团与新疆昌吉市阿什里乡中心学校开展手拉手活动，上了学习强国号，关注率达30万之多。我们在帮助他人时，也提升了自己。

学校"读写小课堂+平躺睡"，让孩子的午后时光更精彩。学校办学规模短期内急剧扩增，学生共 1993 人，其中 1795 人参与学校的午间托管服务，午托参与率达 90%，受到全体家长的一致好评。原因有三：一是家校共育，成立学校"膳食委员会"，携手午间托管，打造无缝高效的沟通渠道。学校组建由教职工、家委代表、学生代表组成的"丰泽区东星实验小学膳食委员会"，共同监督配餐公司的食材选择，确保学生午餐营养均衡、新鲜符合食品安全标准。二是百分百陪餐率，让孩子的午间饮食更安心健康。学校要求所有护餐教师与值日行政必须 100%陪餐。教师陪餐既可以监督学生的用餐情况，确保学生吃到营养均衡的食物，减少学生挑食、偏食的现象；又可以直接了解餐饮公司提供的食物质量，及时发现和解决食品安全问题，提升配餐质量，进而提高满意率。三是设置读写小课堂，学习成长"不打烊"，让午间课程精彩纷呈。学校午餐前必安排 15 分钟餐前教育，学习用餐礼仪；每个班级都设置一个"小助餐员"和一个"小督导员"，提高自主管理能力；学校在午餐后还安排了读写小课堂、硬笔练字、午间阅读、个性化辅导等活动小课程。四是添置平躺式午睡课桌椅，让孩子的午休更加舒适。为了给参加午托的孩子们提供一个更加舒适、便捷的学习和休息环境，学校采购一批符合人体工程学原理的平躺式午睡课桌椅，安排学生 1 个小时左右的午休时光，让孩子们在有限的空间里做到学习休息两不误。

## 第二节　星光课堂的教学范式

### 一、星光课堂的教学范式

#### （一）三个目标

学校借鉴微观公平课堂，形成星光课堂生态的三大目标：均衡、优质和活力。均衡，是课堂能关注到每个学生，相信每个学生，激发每个学生的潜能，促进每个学生的发展；优质，是提升课堂教学的品质，达成核心素养的传递，围绕学科核心素养落实教学目标；活力，是课堂氛围和课堂环境良好，师生、生生关系融洽而充满活力。

（二）三重境界

新教育实验的理想课堂，是通过创设一种平等、民主、和谐、愉悦的课堂氛围，将人类文化知识与学生的生活体验有机结合起来，追求高效课堂与个性课堂。它有三种境界：有效框架、知识魅力、生命共鸣。学校结合三个目标，构建了新的三重境界——"均衡—有效框架""优质—知识魅力"和"活力—生命共鸣"，来实现"善创"课堂的三个目标。

（三）三个环节

教学三个环节为：浸润—体验—绽放。学校创建丰富多样的学习环境，激发学生的主动学习和参与度。"浸润"这个环节，教师通过引入相关的背景知识、问题或情境，为学生构建一个学习的基础。教师可以运用故事、图片、视频等方式，吸引学生的注意力和兴趣，培养他们的好奇心。这个阶段的目标是帮助学生建立起对主题的初步认识和理解。"体验"环节，学生有机会亲身参与和实践，通过亲自探索和操作，加深对主题的理解和记忆。教师可以设计一系列的活动、实验、游戏等，让学生积极参与其中，并从中获得实际经验。这个阶段的目标是培养学生的实践能力和问题解决能力。"绽放"环节，学生有机会展示他们在前两个环节中所学到的知识和技能。教师可以安排小组讨论、展示、个人报告等形式，让学生分享他们的学习成果并相互学习。这个阶段的目标是巩固知识并提升学生的表达能力和合作能力。

（四）三单导学

学校积极实践三单导学：导学单（预习案）、助学单（学习单）、拓学单（作业单）。学校大力组织各学科教研组申报课题，开发校本作业，进而开发导学案，将教学过程转化为学生的学习过程，将复杂的优生学习流程转化为普通学生的学习流程，借助校本作业、导学案，完善学生的学习流程，提升学习效果。

**（五）三个原则**

教学三个原则分别为：相信儿童、解放儿童、手脑双挥。相信儿童，是指教师在教学过程中对儿童的能力和潜力持有积极的信念和态度。在课堂教学中，教师可以采用以下方法来实现相信儿童的理念：不断与学生交流并倾听他们的声音，尊重他们的意见和观点；给予学生更多的选择权和主动权，鼓励他们独立思考和解决问题；提供不同的学习途径和资源，满足学生不同的学习需求和兴趣。解放儿童，强调的是让儿童在学习中获得更多的自由和主动权。在课堂教学中，教师可以采用以下方法来实现解放儿童的理念：让学生参与决策过程，如课程内容的选择或学习活动的安排；提供开放式的问题和挑战，鼓励学生进行自主探索和实践；鼓励学生表达自己的观点和想法，尊重他们的多样性和创造力。手脑双挥，是指在课堂教学中注重培养学生的动手和动脑能力。在课堂教学中，教师可以采用以下方法来实现手脑双挥的理念：设计实践性任务，让学生亲自动手进行实践操作，加深对知识的理解；组织小组合作活动，让学生共同动手解决问题，培养团队合作和协作能力；鼓励学生进行创造性思考，通过实践探索和问题解决来培养他们的创新意识。

## 二、星光课堂可视化教学手段

**（一）思维导图——可视化学习工具**

思维可视化，是一种以数据可视化、计算可视化和信息可视化为基础，促进知识传播和创新的技术。思维可视化工具能够帮助实现快速清晰的可视化交流。常见的思维可视化工具有概念图、思维导图、认知地图和思维地图。学校主要开发思维导图，让各学科的思维可见，更好地帮助学生学习。尤其是在物理学科，引入福建师大团队的具象化物理新思维教学模式。

### (二) 三单（导学单、助学单、拓学单）——可视化教学载体

学校大力组织各学科教研组申报课题，开发校本作业，进而开发导学案，将教学过程转化为学生的学习过程，将复杂的优生学习流程转化为普通学生的学习流程，借助校本作业、导学案，完善学生的学习流程，提升学习效果。

### (三) 智慧课堂——可视化教学环境

学校在条件许可情况下，大力开发智慧课堂，打造可视化信息技术教学环境，帮助教师和学生对教学过程和学习过程进行反馈和监控，提升教学成效。为提升教师信息技术应用能力，学校积极执行教育信息化2.0行动计划，组织参与信息技术应用相关培训，充分运用网络学习空间，全面提升师生信息素养；建立健全信息化人才队伍培养，推进学校教育信息化高质量发展，促进信息技术与教育教学有效融合；扎实开展信息化应用、人工智能实验研究，强化需求牵引，深化融合、创新赋能、应用驱动，积极发展"互联网+教育"，加快推进教育数字转型和智能升级。为此，学校以信息化为重点，以提升质量为目标，探索搭建对学生个性化培养评价的综合性平台，建立具有较强针对性的学业诊断系统，为不断改进教学提供支持。

## 三、星光课堂的评价表

星光课堂的评价表，是一种针对课堂教学效果的评估工具。它从六个关键维度对课堂进行全面的评价：课堂的参与度、课堂的亲和度、课堂的自由度、课堂的整合度、课堂的练习度以及课堂的延展度。这六个维度分别反映了课堂教学中的关键要素，具有相互补充和相互影响的特点。

首先，课堂的参与度是指学生在课堂活动中的积极程度，包括学生的出勤、课堂互动以及参与课堂讨论等方面的表现。一个高参与度的课堂，有助于激发学生的学习兴趣，提高学生的学习效果。其次，课堂的亲和度关注教师与学生之间的互动关系，包括教师的仪态、教学态度以及学生对教师的信任度等方面。一个

具有高亲和度的课堂氛围,有利于学生敢于发言、勇于提问,从而提高教学质量。再者,课堂的自由度强调在教学过程中给予学生一定的自主空间,让学生能够在教师的引导下自主探索、主动学习。适度的自由度,有助于培养学生的创新思维和独立思考能力。此外,课堂的整合度是指教学内容、教学方法、教学资源等方面的融合程度。高度整合的课堂,能够提高教学效果,提升学生的学习体验。课堂的练习度关注学生在课堂中的实践操作和实际锻炼,包括课堂练习的设计、实施和反馈等方面。充足的练习,有助于巩固学生的理论知识,提高实践能力。最后,课堂的延展度,是指课堂教学对学生课后学习的引导和拓展,包括课后作业的布置、学习资源的提供、课外活动的组织等。适当的延展度可以激发学生的学习兴趣,拓宽知识视野。

星光课堂的评价表针对这六个维度制定了具体的评价标准,并为每个维度提供了改进措施。教师可以根据评价表对自己的课堂教学进行自我评估,发现不足之处并采取相应措施进行改进,从而不断提高教学质量和学生的满意度。总体来说,这种评价表为教师提供了一个有益的教学反馈工具,有助于推动课堂教学的不断创新和发展。(见表3)

**表3 "善创"课堂评价表**

| 课例观察: 年级: 班级: 学科: 执教者: |||||
| --- | --- | --- | --- |
| 六个维度 | 具体要求 | 达成情况(按10分计) | 改进措施 |
| 课堂的参与度 | 追求学生全员参与、全程参与和深度参与。学生参与度越高、参与得越深入,课堂教学的有效性就会越高。 | | |
| 课堂的亲和度 | "情不通则理不得。"理想的课堂一定是师生之间、生生之间有着愉快的情感沟通和智慧的思想交流的课堂。 | | |
| 课堂的自由度 | 理想的课堂一定充满着自由轻松的氛围。 | | |

续表

| 课堂的整合度 | 切忌做过度的、烦琐的分析,把原本完整的一个整体肢解得鸡零狗碎。相反,理想的课堂更强调教师对教材、对教学内容进行有机整合。 | | |
|---|---|---|---|
| 课堂的练习度 | 理想的课堂不在于它的有条不紊、稳步推进,不在于它的流畅顺达、水到渠成,而在于它是否真正让学生在课堂上动脑、动手、动口地去练习、去实践,让学生通过观察、模仿、体验,在多重活动中学习,在多元互动中学习。 | | |
| 课堂的延展度 | 理想的课堂一定能够在内容整合的基础上,不断向知识的深度和广度延展,从课堂不断向社会生活延伸,为学生的进一步探究留下足够的空间。 | | |
| 评价者: | | 时间: | |

## 第三节 星光课堂典型样态之一:诗意式

### 一、诗意课堂的内涵

诗性教育是一种以"浸润""体验"为特征的教育,让教育成为一种自然的流露和呈现,并以"本真、唯美、超然"为基本特征。

诗意课堂,就是教师用自己的专业技能、科学文化素养、人格魅力、高尚情怀,艺术地营造充满学科独特韵味的、关注学生生命体验的、体现核心素养的创造式课堂,使学生在富有生命活力的课堂中绽放智慧,实现共同成长。

学校结合自身实际情况,在原有的"读写绘""劳创能"两大教学范式下,逐渐构建独具特色的"浸润、体验、绽放"三段式诗意课堂（见图17），并且把研究重点放在目前研究较薄弱的"绽放"阶段。

"浸润、体验、绽放"三段式诗意课堂：在课堂教学中，教师积极创设特定的学习情境，培养学生的创新意识，让学生在美好的物境和恰当的情境、活动中得以熏陶，心灵得以启迪，并乐于展示自己的学习成果，进而在富有生命活力的课堂中绽放智慧，全面成长。

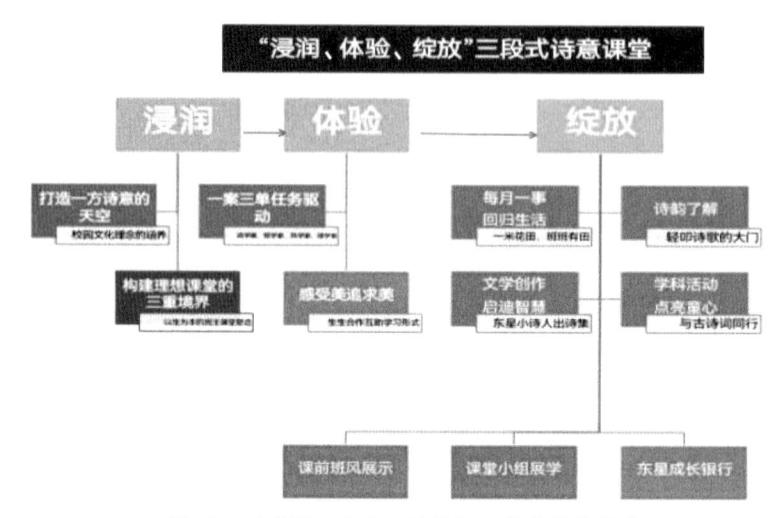

图17 "浸润、体验、绽放"三段式诗意课堂

## 二、诗意课堂的实践

经过一年多的实践探索，诗意课堂精彩纷呈，诗意教育全面升华。诗意课堂由最初的诗词学科教学层面上升到了人文教育的高度，在全校全学科推进，提炼"浸润、体验、绽放"三段式诗意课堂有效框架构建，全员参与、全面开展。在完善理论建设的同时，学校还积极探索诗意课堂的有效途径和措施，更深层次地进行理论探索和学科教学上的实践，逐步夯实学生核心素养，和学生一起用诗意的眼光审视周围的世界，在富有生命活力的课堂中共同成长，形成科学的人生观和价值观，进一步推进学生综合素养的提升。具体实践过程如下。

### (一) 营造书香，诗意东星

1. 以晨诵开启美好诗意的一天

利用好每天的晨诵打开学生沟通与表达的自信之门，是学校培养学生诗意人生的特色之法。作为常规活动，践行的举措就是每日晨诵。学校制定晨诵朗读计划，每个班里选出两名领读员，每天早上按时领读晨诵，诵读金子美玲、金波的儿童诗，感受孩童的纯真。同时，借助学校新教育晨诵台，每天清晨孩子们面向家长同学，用诗歌唤醒黎明，用美妙的声音开启新的一天。

2. 回归自然朴素的生活

诗性教育专家柳袁照提出，"诗意课堂追求的是美的课堂，即所谓自然生态的课堂。"因此，学校将学生的教室发展到户外，坚持在大自然中、在生活中引领学生在健康向上的审美实践中，用诗性的眼光观察自然景观，感知现实世界，体验人生万象。校园从汇善路的"一米花田"中学生种植的花木到劳动实践基地、"金种子农场"的硕果累累，学生们农场劳作的情景构成校园最诗意的风景。教师带领孩子们到"金种子农场"观赏向日葵，并进行实地写生创作。当充满好奇的学生们站在实实在在的向日葵面前时，他们情不自禁地"看"与"发现"起来，开始触摸、观察、交流，寻求属于自己的独特发现。每个人都乐在其中，也根据自己的发现和感受写下一首诗。

### (二) 专家引领，诗情话育

在"十四五"课题研究期间，学校邀请了一批省内外教育专家来校为全体教师进行有针对性的培训，为教师的专业成长提供了科学的指导；并准备再在省内外教育科研院所聘请一些诗意课程研究方面的专家，如全国诗性教育创始人柳袁照、福建省教科所的郭少榕老师、泉州市教科所的何玉凤主任与陈星老师、丰泽区教师进修学校的陈玉妹老师等，以保证诗意课堂研究工作的顺利进行并取得预期的成果。

### (三) 立足教研，诗意绽放

近几年来，学校在"创·践·享"教研工作中不断探索、不断实践。诗意课堂是诗意教育的重要载体，也是诗意教育的主阵地。在课堂中，师生通过教学互动，实现了思想的碰撞、心灵的交融和灵魂的升华。全方位、多学科构建诗意课堂势在必行、刻不容缓。

1. 课题辐射引领

学校践行"以诗育人"的办学理念，于2022年开展泉州市教科所省级基础教育研究项目"诗性教育对基础教育学校育人方式转变的理论与实践研究"，以及福建省教育科学"十四五"立项课题"新课标视野下诗教课堂榜样育人的实践研究"活动，为探寻诗意课堂的规范性课题研究奠定良好基础。

在泉州市教科所省级基础教育研究项目"诗性教育对基础教育学校育人方式转变的理论与实践研究"现场研讨活动中，张桂英校长就学校对诗性教育的思考与实践作了真挚的分享，展示了诗性教育在学校落地生根的美好图景，也畅想了未来发展的"新诗篇"。福建省教科所的黄国才老师对张桂英校长的分享给予充分肯定，并表示对学校的文化沉淀、校风校训、追求诗性教育课堂等印象深刻。（见图18）

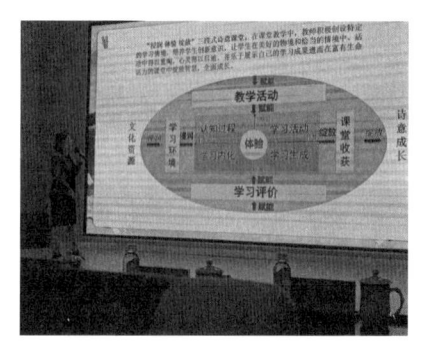

图18 张桂英校长分享诗性教育的思考与实践

在丰泽区"点亮童心"领航校长成长工作坊开展的"发掘诗教课堂的内在魅力 提升阅读活动的育人实效"主题教研活动中，课题组成员黄颖红老师执教古诗《出塞》，通过"读—思—悟"进行教学，以诵读陶冶学生的爱国情怀，抓住"爱国"这一核心思想，将思维贯穿阅读教学始终，构建有深度思维型的学习中心课堂，有效实施榜样育人，凸显诗教课堂，给学生以情感的享受和熏陶，使中华民族一脉相承的家国情怀在课堂上诗意绽放，培养学生的强烈的爱国情怀。课题组成员张婷婷老师做了《小学古诗词教学的育人价值及达成路径》的研究报告。报告以课题组对统编版小学语文古诗文教学研究实验为例，从"因诗而异，寻求其最大的育人价值""言意兼得，寻求古诗词教学的最佳路径""拓展延伸，促使古诗词教学效能最大化"三个方面做了阐述，具有实质性的指导作用。（见图19）

图19 "发掘诗教课堂的内在魅力 提升阅读活动的育人实效"主题教研活动现场

2. 校本教研落地

近两年，学校亦加强教师校本研训，安排了系列"领读新课标""新教育一案三单"学习活动，深入学习和领会新版课程标准和大单元式解读教材，聚焦构建"浸润、体验、绽放"三段式诗意课堂的实践研究，学习国内外有关诗意课堂的研究专著和研究现状，为课题研究奠定理论基础。同时，学校"以诗育人"办学理念和素养导向下的课程体系，也为诗意课堂课题研究塑造了良好的氛围与活动平台。

在"聚焦诗性教育的绽放之地 提升课堂教学的有效实践"专题研讨活动中，教研组以《草船借箭》一课为例开展"让智慧在诗意课堂中绽放"主题研讨（见图20）。在研讨中，教师们从教师、学生、文本等方面去探讨语文诗意课堂的要素，以思维导图、树状图等形式梳理要素，并且现场进行小组汇报，以此让教师们对语文诗意课堂的要素有了具象化的概括。泉州市教科所的陈星老师有针对性地为教师们的学科研究指明了方向。她期待学校语文教师精读课标，聚焦教材，深度解读文本，从各个单元的语文要素着手去深挖和探究。构筑理想的诗意课堂，必须先架构一个"有效的框架"，这才是提升教育教学质量的最关键一步。

图20 "让智慧在诗意课堂中绽放"主题研讨

### (四) 活动延伸，厚植诗意

"诗性教育"成为东星实小关注生命成长、关注特色发展、追求历史担当的自觉的文化选择，并不断从活动走向了特色课程构建。于是，诗歌的赏读与创作走进了课堂，校园集体诵读、班级朗诵大赛、原创诗歌评选以及各类社团活动缤纷登场，知识性课程、活动性课程，课堂内外不断延伸拓展。在"我们的节日·端午节"——"走近屈原 品读经典"东星端午诗会中（见图21），东星实小的师生们深情朗读着爱国名篇佳作，以及本土作家林轩鹤、姚雅丽、柯秀贤和学校教师的原创诗作，句句诗言拨动人们的心灵、点燃人们的热情。

图21 "我们的节日·端午节"——"走近屈原 品读经典"东星端午诗会

为落实诗意课堂"在体验中学习、在实践中运用、在迁移中创新"的教学理念，提升学生的素养，激发学生的潜能，学校举行特色作业展，可谓"精彩纷呈，文笔生辉"。诗中有画，画中有诗。一首首诗跃然纸上，如灵动的音符敲击着孩子们的心灵。这一幅幅颇有意境的画卷，或浓墨重彩，或清新淡雅，无不诉说着孩子们对诗意的追寻、对生活的热爱。（见图22）

图22　特色作业展

**（五）初步构建"浸润、体验、绽放"三段式诗意课堂的教学范式**

浸润：教师将自己的教学意图渗透在所创设的特定教学情境之中，并引导学生全身心投入到探究活动中，从而获得精神上的愉悦，为课堂注入活力，促进深度学习真实发生。

体验：教师从学生的主体体验入手，通过创设各种体验活动，引导学生进入学习任务的情感世界，身临其境地感受万千世界的旖旎风光，进而追问和探究知识的本质，产生自己独特的理解和感悟，并且经过积极内化，最终达到丰富生命体验、构建个体精神收获的一种教学实践活动。

绽放：学生在任务驱动下，在课堂活动的生成点和师生共长的心灵碰撞中，学会思考，学会创造，学会表达交流自己的所思所想所悟，在合作学习中助人达己，并乐于展示自己的学习成果。

"浸润、体验、绽放"三段式诗意课堂（见图23）：在课堂教学中，教师积极创设特定的学习情境，培养学生的创新意识，让学生在美好的物境和恰当的情境、活动中得以熏陶，心灵得以启迪，并乐于展示自己的学习成果，进而在富有生命活力的课堂中绽放智慧，全面成长。

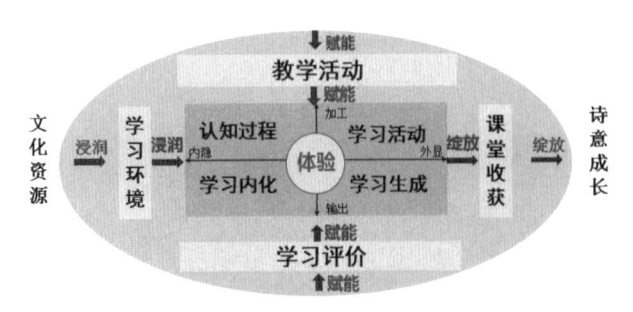

图 23 "浸润、体验、绽放"三段式诗意课堂

在继承并对传统诗意课堂教学理论进行现代化演绎的基础上，根据原有的省级专项课题"新课标视野下诗教课堂榜样育人的实践研究"的研究和实践，创造并逐渐进行关于诗意课堂的建模性研究，提出"浸润、体验、绽放"三段式诗意课堂教学结构（见图24），并把研究重点放在目前研究较薄弱的"绽放"阶段。

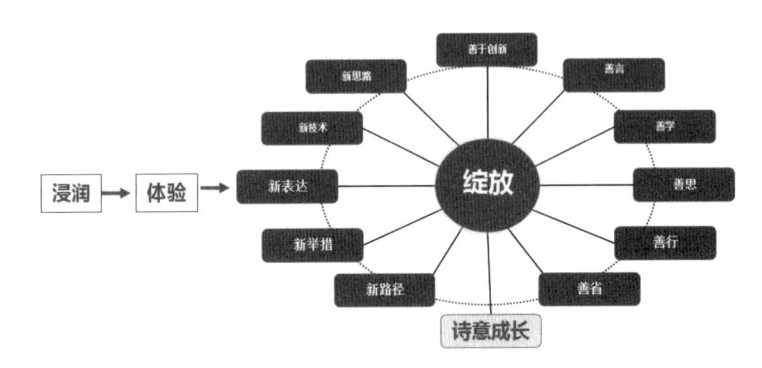

图 24 "浸润、体验、绽放"的三段式诗意课堂教学结构之"绽放"阶段

## （六）构建全学科大单元有效实施诗意课堂的实践范式

通过校本教研等形式，针对各自学科的课程特点，对课程教材的深度研究，发掘不同学科的诗意课堂中可实施"浸润、体验、绽放"三段式教学结构的着

力点并构建有效范式（见图25、26），共同探索实践"浸润、体验、绽放"三段式诗意课堂有效实施策略。

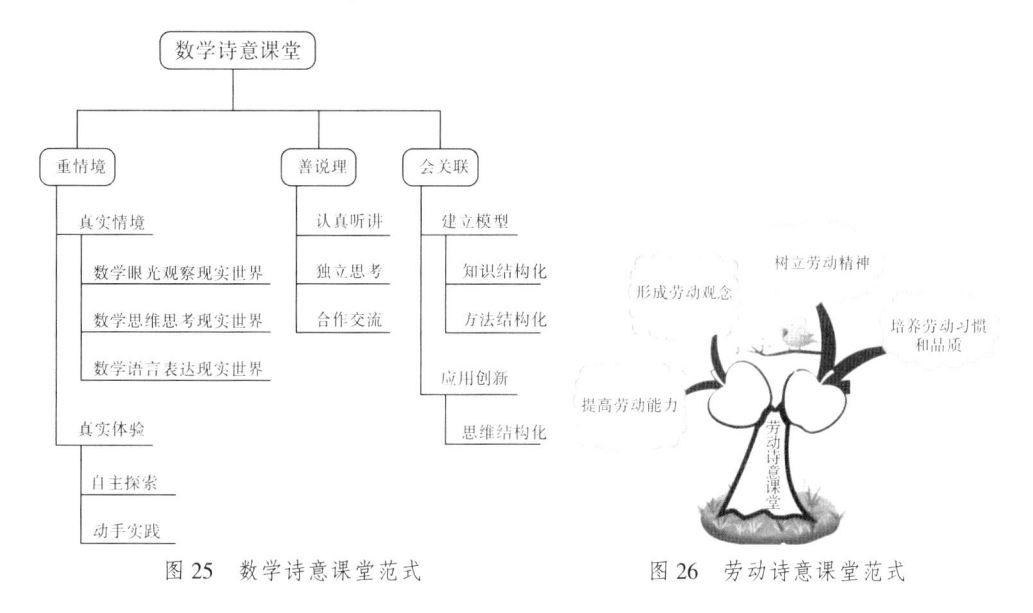

图25　数学诗意课堂范式　　　　图26　劳动诗意课堂范式

## 三、主要观点

### （一）诗意地导入，让学生受熏陶

课堂气场虽是一种无形的存在，但却无处不在、无时不在。有气场的课，有教学魅力，有精神吸引力，有浓浓的氛围和情调。它是一堂课的精神风貌和气质的集中诠释和高度表达，对学生语文素养的影响是一种"随风潜入夜，润物细无声"般的濡染。不知不觉地投入、悄无声息地习得、自然而然地感染、深入骨髓地浸润，这一切正是课堂气场对学生生命气场的诗意教化。

课堂节奏是一种合于规律的变化，起承转合是一种节奏，前后对比是一种节奏，螺旋递进是一种节奏。有节奏就有气场，有气场就有诗意。

### （二）诗意地教学，让学生有创造

从东星课堂的最初探索学习的三个核心认知过程——建构、巩固、运用，逐渐进化为知识→能力→素养→智慧的高阶学习路径，并以此把课堂样态调整为"浸润、体验、绽放"三段式诗意课堂教学结构。诗意课堂借助"一案三单"的学习支架，学生在任务驱动下，在课堂活动的生成点和师生共长的心灵碰撞中，学会思考，学会创造，学会表达交流自己的所思所想所悟，在合作学习中助人达己，并乐于展示自己的学习成果。（见图27）

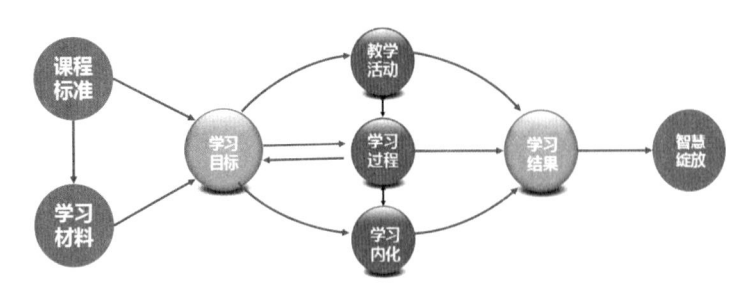

图27 学习发生路径图

**（三）诗意地迁移，让学生有提升**

借助"一案三单"，鼓励学生走出课堂，走进大自然，让学生提高自身体验感悟生活中的诗意。学校在原有的"读写绘"和"劳创能"两大教学范式下，借助"可知、可视、可导、可管"的阅读支持系统，推进全科阅读、全员阅读、全程阅读、环境阅读、活动阅读和个性阅读，以养德、启智、健体、润美、育劳，促进学生德智体美劳全面发展。一方面，通过创新"读写绘"课堂，在原创文学作品的基础上增加书画创作，完善金种子阅读平台、学校图书馆、年段漂流书屋、班级读书角、家庭阅读环境，营造诗意校园氛围。另一方面，大力推进"劳创能"，以农业生产劳动课程为主线，融合语文、数学、财商、综合实践、生物学、经济学、产品设计等课程元素，打造多学科融合的劳动教育诗意课程，通过各种途径与形式引导学生参与劳动实践，从各种劳动活动中体会劳动之美、感受劳动之趣、传递劳动之善，逐步形成了家庭、学校和社会三位一体的劳动诗意课堂模式。"读写绘""劳创能"这两大教学范式，为学生智慧绽放提供了平台。

## 第四节　星光课堂典型样态之二：读写绘

### 一、"读写绘"课堂的内涵

朱永新教授说过："一个人的成长发育史，就是一个人的阅读史；一个民族的精神境界，在很大程度上取决于这个民族的阅读水平。"同时，语文新课标提出的"语言文字的运用"，强调了语言和文字的重要性。因此，引导学生提升阅读能力、写作能力、表达能力显得尤为重要。新型阅读方式——"读写绘"便应运而生。

什么是"读写绘"呢？所谓"读写绘"，就是师生在共读一首歌谣、共看一本画册、共听一个完整的故事等之后，对阅读内容进行简单的复述，继而将其画下来，把故事情节、阅读感受写在纸上，或用口语表达出来。"读写绘"最终指向的是学生的思维力、阅读力、表达力。核心是"读"，本质是表达。学生在阅读中习得语言、学习表达，并在阅读之后借助图画、文字、声音讲述或改编故事，表达自己阅读的想法和收获。教师以整本书为载体，从文本内容出发，设计与之相关的"写""绘"训练，使阅读、写作、思维训练三者融为一体，通过以读带写、以写促读和敢于表达、乐于表达的"读写绘"训练，使学生的思维得到发展，是将阅读、写作、口语表达、绘画融合的一体化教学。在"读写绘"中进行知识迁移、转化阅读成果，让学生从浅层阅读、情节性记忆变为深度阅读和思辨，构建自己的知识体系并乐于展示自己的学习成果。"读写绘"的整个过程，是充满诗意、童话色彩以及幸福感的过程。学生在这过程中，心灵得到浸润，在幸福中不知不觉地成长。

## 二、"读写绘"课堂实践

党的十八大以来,我国高度重视教育事业发展的公平导向。习近平总书记指出,"教育公平是社会公平的重要基础,要不断促进教育发展成果更多更公平惠及全体人民,以教育公平促进社会公平正义。"教育公平从教育权利、机会、资源、过程和结果等多个方面促进了社会公平的实现。在让所有社会成员享有平等受教育机会和均等公共教育资源的基础上,新时代的教育公平支持人的个性发展,为每个人提供适合的教育,让每个人都有人生出彩的机会。

东星实小前身是一所薄弱的农村基层小学,也是以外来务工人员子女为主的学校。与大多数的城乡接合部薄弱小学一样,面临许多办学难题,主要有:首先,学生素质参差不齐。基于生源的家庭背景和家庭环境,父母科学养育知识及陪伴孩子的时间较少,孩子的行为习惯缺少引导,学生素养和智力发展水平参差不齐。其次,培养目标定位不清。学校原先培养目标不够明晰,而家长和学生对未来成长的方向更是茫然不知。

那么,如何构建一套周到严密、适合学生发展的"读写绘"课程体系?"读写绘"活动的开展如何创新实效?"读写绘"评价过程如何多元开放?带着这些思考,立足教学一线的研究团队开启了优化创新的八年建设之旅。

学校抓住发展机遇,在"五育并举,点亮童心"办学思想的指导下,打造"五育并举"的星光课程体系,探索形成"传、学、研、创"四位一体的"读写绘"教学范式,将星光少年们培养成为"心中有爱、眼中有光、言行有范、学习有方"的新时代好少年,让普通家庭的孩子也能成长成才。具体实践如下。

### (一)狠抓环境建设,营造阅读氛围

#### 1. 优化校园环境,激发阅读兴趣

此部分对应"传"。针对家庭学习资源不足、发展目标定位不清等问题,团队于2016年通过校本研究,了解现状,调查分析,改进成长环境,着力创建书

香校园、书香班级、书香家庭,初步探索以阅读润泽儿童心灵、以读好书拓宽儿童视野,并初创以读促写的教学模式。学校精心布置校园景观,营造浓浓书香氛围,通过打造年段流动书屋、建设班级"图书角"、设置"金种子阅读"等宣传栏(见图28),定期展示师生阅读成果,激发学生的阅读激情。同时,推行每日晨读、午间阅读、晨诵台展示诵读等制度,播撒阅读的种子。典雅温馨的书香环境建设,激发了学生的阅读兴趣。

图28 左为年段流动书屋,右为"金种子阅读"宣传栏

2. 搭建智慧互动平台,拓宽阅读空间

此部分对应"传"。利用"金种子云端课"平台加强阅读过程管理和引导(见图29),为学生、教师和家长提供多方位、多角度的阅读检测和数字化结果呈现,实现从选书、读书、阅读效果测评到分析整个阅读体验的可视化。同时,提供朗读亭、阅读作品评选活动的支持与服务,让阅读的整体过程变得"可知、可视、可导、可管";线上、线下交替互补,推送师生、家长参与"读写绘"课程建设的最新动态与成果,并广泛传播与引领辐射。

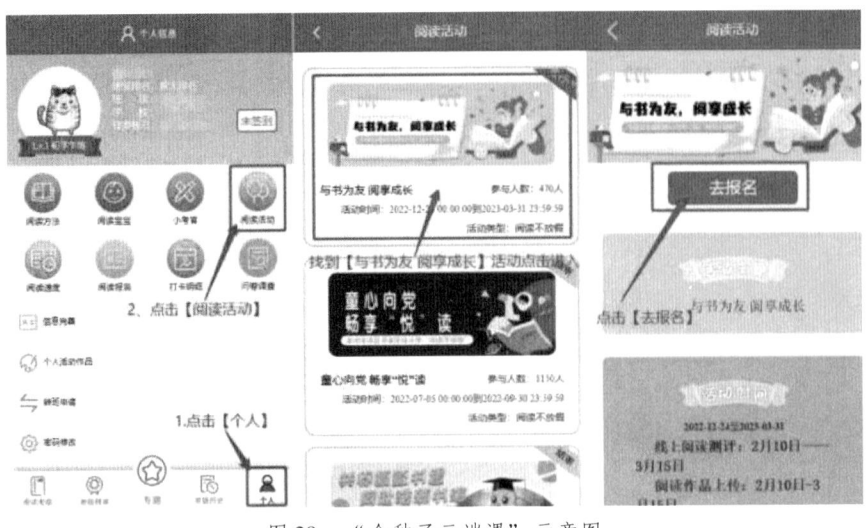

图 29 "金种子云端课"示意图

### (二) 构建"浸润、体验、绽放"的"读写绘"诗意课堂模式

此部分对应"学"。以"浸润、体验、绽放"三段式"读写绘"诗意课堂实践（见图 30），营造良好的书香氛围，创设生动的学习情境。教师借助纸质、"金种子云端课"平台与学生共同阅读故事，引导学生对故事进行讲述或改编，再通过绘制画面，展开想象，由学生在图画旁进行记录。这种整合了阅读、绘画、写作的"读写绘"作品，实现了教师和学生之间的互动与合作，成为一种新型的互动教学方式。

### (三) "点灯计划"——"驻校作家"进校园

此部分对应"研"。开创全省第一个小学"驻校作家"进校园创新"读写绘"课程，选聘泉州市作家协会蔡飞跃先生等作家为文学社创作辅导员，成立"教师写作营"，助力教师成长。通过项目展示、主题研训、案例分析和课题研究等途径，探索善为、善学、善思、善写的教师发展教研模式。定期开展文学创作及主题活动，建设星海少年宫，复办《星光》队报，重建文学社、儿童诗社，让学生"学习有方"，让"读写绘"作品有绽放之处，丰富学校师生的课余生活，被丰泽区委宣传部授予丰泽区"文艺两新"实践基地和泉州市作家创作基

地。(见图30)

图30 儿童诗社学生作品专刊

**(四)设计"以读促写"实践方式**

此部分对应"研"与"创"。通过金种子平台深度挖掘阅读数据和分析统计,分析个人阅读行为效率、阅读习惯、阅读作品等数据,构建"云阅读"课堂。联合泉州广电网络开展"美好的一天从晨诵开始"活动,推送优秀教师的阅读导读视频至泉州市教育局"云课堂面",向全市有线电视用户和小朋友共享阅读盛宴。除此之外,通过金种子平台数据反映的问题,将情感教育融合在阅读指导中,借助钉钉直播构建"云阅读"课堂,指导学生运用听、说、读、写的阅读方法进行阅读,以童趣形式激发学生阅读兴趣,实现学生个性化阅读评价与针对性指导。学校配合开展"我为童书代言""泉州市首档亲子阅读公益课《诗情画忆》"等创意无限的"读写绘"活动,提供多渠道让学生用心读、思考读,拓展地阅读经典、红书,从而在读的基础上,以读促写,以朗读、讲故事、诗配画等形式表达生命的精彩,焕发生命的光彩。

## 三、借用"成长银行",培养"书香少年"

学校推行"星光少年成长银行"创新评价机制,以红领巾奖章为载体,设计发行了具有学校特色的"五自东星币",对学生进行评价激励,着力构建了星光少年成长银行运行体系,每位星光少年在最开始都能够获得装有5枚东星币的锦囊袋，借此激发孩子们的集币热情，在各方面都能追求优秀。每位孩子受奖励的东星币都能够存入"成长银行"，定期可到少先队活动中心换取精美礼品，享受自己成长的喜悦，成长为爱阅读的好少年。

教师根据学生在参加各项"读写绘"活动中所展现的"读写绘"能力等级，给予东星币奖励，激发学生"读写绘"的兴趣。此外，注重多元评价，凸显开放性与实效性，通过公众号宣传师生、家长的"读写绘"故事，引导他们走进家庭、社区、邻近学校，多渠道、多方式地展示"读写绘"课程建设中的突出贡献者和特色成果，促进书香家庭、书香社区的建设，实现了星光课程培养人、创造人、生成人的目标。

## 第五节　星光课堂典型样态之三：劳创能

小学生思想活泼、兴趣很强，广袤而又神奇的劳动环境对于他们有着天生的魅力，丰富多彩的劳动生活能够为学生的创新发展创造优越的环境。所以，在学校课堂中进行劳动教学是十分有效的，它冲破了常规课堂教学时间、场所和教育资源的束缚，最大限度地满足了中小学生的劳动探索需要，促进学校劳动课程体系建立和课堂有效性提高。在新时期的历史背景下，劳动课堂带领小学生走出学校，进入社区活动，使孩子在实践体验中感受劳动精神、增加专业知识和发展创新能力。劳动教育具有树德、增智、强体、育美的综合育人价值，这与科学课程的核心素养不谋而合。科学课程要培养的核心素养，主要是指学生在学习科学课程的过程中，逐步形成的适应个人终身发展和社会发展所需要的正确价值观、必备品格和关键能力，是科学课程育人价值的集中体现，包括科学观念、科学思维、探究实践、态度责任等方面。要结合科学核心素养推进劳动教育，探索具有科学特色的劳动教育模式，让劳动与科学相互碰撞出更美的火花。

## 一、劳动教育提升小学生创新能力现状

在当前小学教育环境中,劳动教育教学并没有成为教育主流。从劳动新课标的发布情况来看,劳动课将从中高年级开始往低年级段进行拓展,并且有指导性意见。而当下小学生的创新意识和能力不足,主要的原因应当是过于脱离生活实际。在当前教学环境下,教师的劳动教育工作针对他们的劳动意识、能力都具有多方位的需求,考虑到他们的劳动意识水平与实际能力,劳动教育工作课题通常是综合了二至三个方面的,既要具备知识性,可以使学生通过活动充实他们的劳动意识,还可以比较全面地提高学生的劳动应用能力。

## 二、以科学核心素养指导劳动教育

### (一)以科学核心素养中的科学观念引导学生寻找劳动的根本价值

科学观念既包括科学、技术与工程领域的一些具体观念,也包括对科学本质的认识,还包括科学观念解释自然现象、解决实际问题的意识。因此,要在科学课程中引导学生以研究者的角度来认识自我与社会,逐渐理解并形成科学的劳动观,牢固树立去伪求真的正确科学劳动价值观,自觉继承并弘扬中华民族几千年积淀下来的勤俭、奋斗、创新、奉献等充满科学的劳动精神,真正崇尚劳动、热爱劳动,并善于通过科学认识体验劳动的根本价值。

例如,在东星实小"金种子农场"的实践成果展示中,组织学生将新鲜的瓜果蔬菜拿到学校门口进行义卖。整个过程中加深了学生对劳动本质的认识,学生能解释这些瓜果蔬菜是怎么种出来的,知道如何分配人员进行收获与运输、在运输过程中需要哪些工具。更有甚者,一部分学生能将蔬菜的烹饪方式融入售卖的介绍中。当中还有极为重要的一点,义卖后收集起来的售卖金额,实实在在地让学生认识到劳动除了能力的锻炼之外,还有社会意义的价值所在。

## （二）以科学核心素养中的科学思维组织开展富有创造性的科学劳动

科学思维是对客观事物的本质属性、内在规律及相互关系的认识方式，主要是模型建构、推理论证、创新思维等。要让学生充分关注劳动实践中的"科学"因素，将动手活动和动脑思考有机结合起来，使学生善于运用人类一切科学领域中的研究方法和认识成果进行创造性劳动，不断激发学生用科学的眼光认识世界和改造世界，不断提高学生科学思考和动手实验的实践能力，进而使学生牢固确立科学的劳动观和世界观。

一些学生之所以不愿劳动、轻视劳动，甚至是厌恶劳动，一个重要原因就在于学校劳动教育忽视了手脑并用，忽视了体力与智力的紧密结合，其实质是忽视了如何指导学生从科学的角度去发现和解决劳动实践中存在的各种现实问题。苏霍姆林斯基曾指出，劳动教育最重要的准则之一就是要坚持脑力劳动和体力劳动的结合，使劳动具有创造性。

这意味着，教师要努力让学生注意到劳动中所蕴含的"科学"因素，善于从科学的方面向学生提出劳动实践的目标和任务，为学生充分运用在学校中所学到的学科知识、学科思维和学科方法开展创造性劳动提供机会，使学生始终在充满适度挑战的智力兴趣的鼓舞下从事各种劳动。

例如，在东星实小"金种子农场"的实践中，为了使培植番薯这项普通的农业生产劳动发挥教育作用，学校不是简单地组织学生象征性地参加种植劳动，而是向学生提出了"如何得到番薯淀粉"这一富有科学意义的创造性课题。尽管种植过程中需要进行翻地、浇水、挑粪、施肥等许多看似单调无趣甚至又脏又累的体力劳动，但由于这些劳动受到研究性目标的引领，学生需要不断运用生物、化学等相关学科知识来解决番薯种植过程中的各种具体问题，从而使那些看似平凡的体力劳动具有了巨大的智力挑战意义而显得充实有趣。劳动只有与学生的知识学习联系起来，真正成为激发学生运用一切科学的知识和手段去思考、去观察、去操作、去实验、去研究周围世界各类自然和社会现象的实践过程时，才能真正发挥其增强学生智力的教育作用。

**（三）以科学核心素养中的实践探究促进学生养成持续劳动的良好习惯**

实践探究指的是在了解和探索自然、获得科学知识、解决科学问题，以及开展技术与工程实践的过程中形成科学探究能力、技术与工程实践能力和自主学习能力。通过实践探究活动，可以提高学生的学习兴趣，促进学生对劳动的理解和建构，培养其刻苦坚韧的精神和毅力，提高其多方面的能力，从而促进学生养成持续劳动的良好习惯。例如，在科学实验室的日常维护中，灰尘问题尤为严重。可引导学生展开探究，寻找灰尘的主要来源。学生通过观察发现空气中充满了粉尘，清理干净后，随着人类活动的减少，粉尘会逐渐降落，一段时间过后教室又脏了。如何解决此类问题？同学们发现只有保持每天打扫卫生才能保证室内卫生清洁，从而对劳动的意义产生不一样的理解。通过此类探究，引导学生养成持续劳动的良好习惯。

**（四）以科学核心素养中的态度责任深化学生对劳动的理解**

科学课标中的态度责任指的是在认识科学本质及规律，理解科学、技术、社会、环境之间关系的基础上，逐渐形成科学态度与社会责任。教师在组织学生进行劳动实践的过程中，充分挖掘劳动中的美的因素，激发学生的审美需要，指导学生用审美的眼光去观察、感受、认识和理解劳动，用美的标准和要求去开展和评价劳动，在劳动实践锻炼中陶冶涵养自身的审美情操，从劳动的世界中发现劳动者精神中的高尚、智慧、纯正、趣味，以此为基础不断提升学生对劳动的审美欣赏能力，持续加深学生对劳动的美感体验，使学生学会自觉通过劳动创造美的生活。

一些青少年不珍惜劳动成果、不想劳动，究其思想根源，一个重要原因在于，学校开展的劳动教育极少关注甚至是根本没有关注劳动实践中的审美因素，导致青少年在劳动中缺乏审美意识和审美情趣，不懂得如何从美的视角去认识和从事劳动，劳动经历常常局限在肮脏、单调和枯燥乏味等消极情绪体验上。久而久之，青少年就逐渐形成了将劳动视为粗鄙甚至是轻贱的观念性认识，自然也就不会珍惜劳动成果，更不会积极主动地参加劳动了。

实际上，劳动实践中蕴含着十分丰富而且重要的审美因素。例如，在日常生活劳动中，可以体验到劳动创造出来的秩序和环境之美；在农业生产劳动中，因与大自然的亲密接触，可以欣赏到自然万物的壮阔秀丽之美；在向各行各业的优秀劳动者学习的过程之中，可以体验到不同劳动中所蕴含的技艺娴熟之美、人性尊严之美和人格高贵之美；在投身各类服务性劳动的过程之中，可以体验因自身劳动成就他人油然而生的自由感、崇高感和幸福感。因此，劳动教育应该成为对学生开展审美教育，尤其是提升学生道德审美能力的关键契机和重要途径。这同样需要教师善于挖掘劳动教育中的美育资源，并引导学生学会欣赏劳动。

## 三、借助劳动教育提高小学生创新能力策略

### （一）依托劳动实践开展丰富有趣的科技创新活动

随着现代教学思想的深化，学校劳动教学在校内外、社会中进行，需要调动校内外资源，实施学校劳动素质教育。中小学生了解劳动科学知识的主要方式是学习劳动实践指导手册、参与劳作兴趣小组、观看劳动科技馆等。学校劳动教学要充实学生的劳动理论知识，培养学生的劳动好奇心。比如，在学习"家禽饲养我参与"时，教师可以通过信息技术向学生介绍常见家禽的生活习性和饲养方法，调动学生的饲养积极性。课后引导学生饲养家禽，比较饲养过程和收获的差异，培养学生的耐劳品质和创新思维。劳动教学的重点是引导孩子们积极行动，进行生活实践活动，提高创造力。教师对劳动教学起关键作用，可以通过劳动活动引导孩子们；或者反面示范，使他们意识到错误劳动的危害，提升劳动教学的有效性。劳动教学具有活动性和趣味性，能调动学生对探索活动的兴趣。比如，在学习"蔬菜种植有收获"时，让学生记录一周的劳动收获，利用网络查询蔬菜的营养成分，在制作和品尝蔬菜时感受劳动的辛苦，增加学生对耕耘与收获的理解。

### (二) 借助人文素材开阔学生劳动认知视野

关于劳动教育，过去存在偏见，认为这些活动只是中小学生的课外娱乐，缺乏人文意义。然而，劳动教育具有重要的作用和意义。通过以人类劳动的视角，教导学生认识社会、培养品质。从社会科学能力训练的视角出发，学生可以发现新世界。劳动教学培养理性能力，让学生通过实际操作反思和解决问题，养成严肃认真的认知习惯。在理性精神的驱使下，孩子们通过独立思考养成自主品质，陶冶美好精神。劳动教育的目的是培养学生的独立思考行为，通过动手实践，积累劳动技能。例如，学生可以学习观察昆虫，感受昆虫的真实生活，并进行相关描述。学生也可以播种植物，并记录种子的繁殖过程，培养实践技能和对植物科学知识的理解。劳动教学兼顾了学生与社会劳动、科技、文艺等方面的联系，推进全方位成长。在阅读方面，可以举办阅读交流分享会，每人每月阅读一本劳动相关图书，并在课堂上分享。还可以组织劳动社团交流活动、分领域的劳动兴趣小组，扩展学员的劳动活动范畴。此外，组织参观博物馆、动物园等，也是劳动素质教育的表现形式。

### (三) 新时代理念引领下多渠道创新教学活动模式

学校劳动教育课堂的教学活动形式应当是多种多样、千变万化的，但归根到底还是要以学生为中心。小学生思维能力活泼、兴趣范围广泛、自信心逐渐增强，就可以充分调动他们对参加劳动的兴趣。在学校劳动教育课堂上，教师也应当借助信息技术来增强学生对劳动教育的兴趣。因为自然界的东西也是不断发生的、变换的。通过回溯人类劳动历史，无数前人也是前赴后继地实践，探索着无穷无尽的劳动道理。在某一时期占优势的劳动成果，很可能马上就会被推翻、被替换。而劳动教育也反映在对人类劳动本质的理解进一步加深的过程中，而不是只是一个结果。所以，不管传统教学方法再怎么改革、现代教学方式再怎么新颖好玩，发展学生的劳动素质都是最根本的问题，这就可以为他们创造力的培养打下基础。而最佳的教育方式，就是放开手让他们自由地探究和思索，提供给学生内容丰富的、可供探索的活动，以及不断发展的情景教育、分组协作的教学方法。通过这些方式，可以打破传统劳动课堂教学的单调和呆板，使劳动课堂教学变得更加灵活、生动有趣，给他们提供了一个更加活跃向上、妙趣横生的劳动园地。例如，在指导学生制作科技创新大赛中的作品，就是来源于学生参与家庭劳动。此学生帮助父母浇灌农田，因需拉线用地抽水在太阳下往返，就产生了许多想法，比如能否不用来回跑就能控制水泵的开闭、能否利用太阳能清洁能源等。由此，学生结合课堂上学到的太阳能使用知识，创新出相关作品。这样的劳动教学完全尊重了学习者的自主权，从而实现了以学习者为核心的主体性的劳动方式，他们能够不受教师的影响，自由地创造他们内心想要的工作。

为劳动教学发展带来源源不断的力量，为劳动社区的发展带来了支持，为在科技创新培养的启蒙时代的他们，通过开展劳动教学为他们打开了劳动学习和社会实践视野、培养劳动素养的需要，是小学劳动教育顺应新时代的需要。在今后开展教学活动的过程中，学校劳动教育教师应进一步积累知识，能够引导他们进行形式多样的实验教学活动，进而使他们的综合素养进一步增强，并为其技术创新能力的持续发展提供机会。

## 四、劳动教育融入小学美术的实践案例

中共中央、国务院《关于全面加强新时代大中小学劳动教育的意见》指出，劳动教育是中国特色社会主义教育制度的重要内容，直接决定社会主义建设者和接班人的劳动精神面貌、劳动价值取向和劳动技能水平。还要求，除劳动教育必修课程外，其他课程结合学科、专业特点，有机融入劳动教育内容。这也表明了劳动教育不再是纸上谈兵，而是要真真切切落实到各项学习教育中。

美术在培养学生审美和人文素养中具有重要作用，是集欣赏、绘画、设计、手工为一体的教学科目。《义务教育艺术课程标准（2022年版）》指出，应重视艺术与其他学科的联系，充分发挥协同育人功能，促进学生身心健康全面发展。因此，拓展美术教学多样性，成了每位美术教师的必备能力。

基于此，我们将新时代劳动教育融入小学美术课程中，构建"劳动+美术"课程体系，力求通过美术课程培养学生的劳动素养和审美素养，使学生形成良好的劳动意识与能力，促进学生全面发展。

（一）在欣赏中感知劳动之美

万里长城、秦陵兵马俑、故宫的建筑之壮阔，青铜器、瓷器的纹样之精致，皮影、剪纸、年画的细节之精巧……无不展现着我国人民群众的劳动之美。

比如，在讲授《家乡的古建筑》这节课时，教师首先带领学生通过欣赏故宫视频，在红墙黄瓦、雕梁画栋、石砖窗花间感受我国古建筑的壮阔精美，并引导学生这些都是古代劳动人民通过汗水和智慧凝结而成的。在了解了古建筑的类型和特点后，学生以小组为单位考察家乡泉州的特色古建筑。彼时正值泉州古城改造期间，学生在欣赏泉州因深厚的文化历史与包容的城市底蕴而产生的多元建筑之美的同时，可观察建筑工人在改造古城建筑时劳作的场景。学生在分享收获时，有的从东西塔结构的角度，说出它们建造的过程，是距今 1000 多年前人们用一块块花岗岩搬运叠加建造形成的；有的从蟳埔渔村蚝壳厝的建造角度，说出它们是蟳埔人民因地制宜地选择蚝壳作为建筑材料，还产生了冬暖夏凉、稳固挡风的功能。学生在欣赏的基础上，能从劳动产生美的角度感知建筑中的劳动之美。

在美术教学中，让学生通过欣赏美术作品和现象，感知劳动人民因审美需求和艺术创造所形成的劳动之美，产生劳动创造美的积极心态，激发学生的创造性，启蒙学生的劳动意识。

（二）在实践中体验劳动之美

城市建设的工程师、城市整洁的美容师、辛勤劳作的农民伯伯……这些生活中的劳动者散发着劳动之美，是我们美术创作的源泉。

在讲授《农家乐》一课时，正值秋收时节，教师借助学校"金种子农场"蔬果丰收的时机，带领学生在农场里体验了一把农家乐。学生们有的弯腰摘菜，有的蹲坐整理，有的垫脚采摘……忙活得不亦乐乎。学生在实践中体验了劳动的乐趣，产生了用美术的方式创作劳动者的欲望。在课堂中，为了更直观地观察人们劳动的动态，教师将农作时最具特点的动作照片展示出来。学生根据动作对布制小人偶的关节进行摆动，便于更加了解人物结构，并用简单的人物动态线进行概括，对人物动态进行分解。这样既能锻炼学生对人物动态的概括能力，也能提高学生的造型表现能力，又能将劳动意识融入美术课堂中。

在美术教学中，可以让学生走出课堂，从生活的实践中体验劳动之美，让学生感知劳动者的美，从而尊重劳动者，珍惜来之不易的劳动成果，实现知行合一，形成正确的劳动观。

### （三）在传承中领会劳动之美

扎染拓印、剪纸篆刻、编织陶艺、银饰刺绣……学生将这些富有特色的传统工艺作品创作出来时，不仅是知识与技能的体现，也是在传承中将劳动之美进行表现的过程。

在讲授《银饰之美》这节课时，教师先现场出示一个仿银头饰，吸引学生注意；再带领学生通过视频走进苗族，欣赏苗族以大、繁、重为美的银饰。学生感叹苗族银饰的烦琐精美，对其制作工艺产生浓厚兴趣。紧接着，教师请学生观察银饰手工艺人的制作技法。学生被工匠们精湛的技艺深深折服，兴致勃勃地想动手尝试。学生通过小组合作、探究学习，掌握了刻、揉、绕、卷等技法，并将生活中的锡纸、易拉罐进行改造，制作出了一根根精美的仿银发簪。课后，教师让学生继续寻找生活中的废旧物品制作仿银头饰。学生在学习传承银饰制作的过程中，不但增强了环保意识，还锻炼了劳动思维，领会了手工艺人的劳动智慧。

美术课堂上对传统文化的学习过程中，学生通过劳动和智慧创作手工制品，不但传承了中华优秀传统文化，也领会了劳动之美，深刻感知到劳动创造美的真谛。

### （四）在开发中创新劳动之美

新时代劳动教育融入小学美术教学，还包括开发美术学科校本课程，从而实现劳动教育与校本教材的深度融合。通过多视角地借助校本课程与常态教学进行研究并结合学情，因地制宜地融会到创作中。

以东星实小为例，可以借助"金种子农场"开发关于农耕文化的美术课程，例如二十四节气绘画、绘制农作物生长绘本、在农耕工具上进行创作、为劳动者绘画等等；借助"一米花田""空中花园"特色项目，对花卉进行写生表现或插花教学等结合校园特色的课程开发。学生在校园里通过美术的形式将自己的劳动成果进行表现，不但培养了发散性思维，提高了劳动与美术紧密联系的意识，也给自己带来新形式体验。

新时代劳动教育融入美术校本课程的开发，不仅仅是拓展校本课程的丰富性，也让学生感受美术与劳动结合的魅力，使学生在课程开发中创新劳动之美。

综上所述，将劳动教育融入美术课堂中，具有较强的时代创新理念，与新课程改革思想不谋而合。在教学过程中，教师可以带领学生通过欣赏美术作品感知劳动之美，在切身实践中体会劳动之美，在传承优秀文化中领会劳动之美，在开发课程中创新劳动之美……唤起学生的劳动热情，通过日积月累的劳动点滴来感悟自身的变化与成长，理解劳动的重要性，塑造健康的人生观和价值观，形成健康的人格。

## 五、劳动教育对"体"的培养案例

劳动教育是中小学教育不可缺少的重要组成部分。认识和理解劳动教育与德智体美四育之间互相依赖、互相促进、互为条件、共同发展的关系，有助于培养社会主义建设人才。现代学生，物质生活优越，普遍缺乏劳动知识，劳动意志薄弱，劳动实践缺失，社会也存在"轻劳重智"的教育认知。这种德智体美劳不均衡发展的教育，严重影响了青少年的健康成长。在新一轮教育改革中，有必要把劳动教育放在重要位置。同时，我们也要把劳动教育与体育融合起来，以期更好地推进教育改革的发展。在体育活动中，劳动教育的独立性和独特价值主要表现在劳动技能的形成方面。劳动教育与体育融合的模式，是在体育活动中形成劳动技能，在劳动实践中增强体质。劳动教育与体育融合的关键点是体能、能力与身体素质。劳动教育与体育融合的思路是在运动参与中、在运动技能习得中、在身心健康发育中、在劳动实践中培养劳动能力，增强劳动体能，完善劳动素质。

（一）在运动技能习得中培养自主劳动能力

"运动参与是指学生参与体育学习和锻炼的态度及行为表现，是学生习得体育知识、技能和方法，锻炼身体和提高健康水平，形成积极的体育行为和乐观开朗人生态度的实践要求和重要途径。"在此基础上，学生对所参与的活动，都必须初步掌握基本动作要领。在球类活动中做一个动作，如拍球、投篮和运球等；体操中滚翻、劈叉等基本动作的注意事项，指导学生如何在运动中避险，掌握运动创伤和紧急情况下的一些简易处理方法，了解并学会常用救生方法，如人工呼吸的操作要领等。这些要求，必须认真听教师的详细讲解，并在体育运动中加以落实，让学生明白：体育活动，不是一味地"玩耍"，而是一项科学的运动。在练就健康体魄的同时，自觉锻炼的习惯有助于养成良好的劳动品质，培养自主劳动能力。

在体育运动中，学习诸如拍球、投篮和运球等动作时，通过教师的讲解和动作示范，不断实践训练、体会动作要领、自我完善，最后达到娴熟，动作协调，灵活自如。参与体育活动的效果，与一个人的独立性、灵活性有显著的关系。即喜欢体育运动的学生，其独立性、灵活性较强。对于身体处于快速发育期的青少年来说，体育运动能促进身体机能协调发展，脑细胞得到更多的刺激，促进智力发育，提高处理问题的应变能力，也促进了劳动技能的提高。"体育的本质是培养全面发展的人，融入生命教育的体育将会更有活力，通过对自然生命的珍爱、精神生命的感悟和社会生命的实践逐步使运动员得到提高与完善。"可见参与体育活动，对培养独立意识、创造意识有重要促进作用，对培养生存技能、锻炼坚强的意志品质、自立于社会的能力有重要奠基意义。

（二）在体质健康发育中增强劳动体能，通过劳动实践奠定劳动素质基础

"健康体魄是青少年为祖国和人民服务的基本前提，是中华民族旺盛生命力

的体现。"体育运动的开展，都是以学生的身体健康发育为出发点、以增强学生的体质为目的。陶行知说："首先，我们每天应该要问的，是'自己的身体有没有进步？有，进步了多少？'。为什么要这样问？因为'健康第一'。没有了身体，一切都完了！"如果没有健康的身体和充沛的体能，要想完成复杂的劳动任务，根本就是徒劳。由此可见，在体育运动中，健康的体魄决定了一个人的健康发展。

1. 正确的劳动姿势

在原始社会阶段，人类主要依靠跑、跳、投掷、攀爬等身体活动，来获取必需的能源，以求得生存。而这些身体活动在社会的变迁过程中，经过生产生活实践，逐渐对劳动活动形成一套行之有效的姿势和方法。在保留其基本形式的基础上，与相应的社会生产相结合，不断地总结、积累与规范，形成了一套有利于人类身体健康发展的运动形式，在社会劳动的分工中形成了一个独立的形式——体育。在现代众多体育运动项目中仍可清晰地看到劳动的痕迹，如标枪、铅球都是从原始社会以投掷的方式来获取猎物的活动中演化而来的，跨栏是早期人类为逃避野兽攻击或求得生存的一种活动形式。这些演化来的活动，现阶段已成为强身健体、获取运动知识与技能的专门性体育活动。

所谓劳动姿势，一方面指的是劳动的身体动作姿势，另一方面指的是劳动者在劳动过程的始终所具有的心理状态——通俗地讲，就是对劳动活动所持有的思想认识与态度。规范、科学的劳动姿势，能真正地促进身体的发育、成长，有利于身体健康。日常的劳作与正确的体育锻炼虽有相似之处，但并不能相提并论。如常年在泰山、黄山等旅游区劳作的挑夫，其姿势不可谓不正确，但只是某一个或几个动作的不断重复，劳动的强度有时甚至超出身体的负荷，不但不利于身体健康，甚至损害身体健康。而体育运动，要求有正确、规范的姿势，还要讲求运动的强度。它是一套系统的、以提高身体素质为目的的运动形式，与所谓的生活劳作有根本的区别。体育运动，如果不讲求正确的身体动作姿势，不但达不到强身健体的目的，甚至会造成身体的损伤，造成运动事故。所以，在体育运动及活动中，要养成正确的运动姿势。体育运动中的走、跳、跑、跨、投、掷、射与跃等动作姿势，都来源于人类劳动实践。体育运动来源于劳动，同时又促进了劳动的发展，两者之间是相辅相成、相互统一的整体。

2. 积极锻炼身体，多参加体力劳动

"水滴石穿""绳锯木断"等成语告诉人们：凡事要取得成功，离不开坚持。同样，要有一个健康的体魄，也离不开持之以恒的锻炼和积极探索的精神。积极地投身于体育锻炼，可以减轻学习和生活压力，可以放松身体、释放压力、缓解紧张情绪，从而提高劳动的效率和品质。劳动实践，不仅让学生掌握了劳动技能和劳动方法，体验到成就感和愉悦感，而且锻炼了其意志品质，激起其劳动的信心和决心。

综上，劳动与体育活动，两者之间相辅相成，共同促进学生的健康成长，是培养合格的社会主义建设者和接班人的重要教育手段。今后的教育教学改革，应加强学生的体育运动工作。在体育活动中形成的能力和品质，将影响学生们今后的劳动态度和劳动能力，对于人的全面发展和民族复兴具有重要的战略意义。

# 第五章 星河筑梦，智启未来——星光德育

"善创基地"是一个充满活力和创意的场所、一个多功能的文化交流与培育基地，融合了学校的文学社、文学创作基地、劳动实践基地以及科创基地等多种文化元素。在这里，学生可以自由地探索各种文化元素，体验不同的创作方式。它旨在激发学生的创造力、团队合作精神，提高他们的文化素养和综合素质，培养全面发展的高素质人才。

## 第一节 "读写绘"协同创作基地

"读写绘"基地是一个充满活力和温馨的角落。在这里，学生可以在阅读、写作和创造的海洋中畅游，感受文字与色彩的魅力，培养自己的阅读理解能力、写作能力和审美能力。

### 一、成立丰泽区作家协会创作基地

丰泽区作家协会创作基地于 2019 年 12 月 29 日在东星实小成立，是丰富学校办学内涵、全面提升教育教学质量、推进教育发展的重要保障。而作家驻班更

是全市首创。学校致力于搭建学生和本土优秀作家面对面交流学习的平台，将名师名家引进班级与课堂，让他们成为学生们的领读者和精神成长的引路人，丰富学校师生的课余生活，激发学生对文学、书画艺术的热爱和向往。

学校抓住作家协会创作基地成立的契机，邀请作家入驻班级，同时把握机会开展各种校园文学活动，旨在促进学生的潜能发展，引导学生成功体验，塑造学生的健康人格，培养学生的高尚情操和传播优秀文化。

## 二、成立教师习作营

教师习作营于2019年9月11日成立，是深化课堂教学改革、落实新课程理念、扎实推进新课程实施、进一步提高教师队伍教育教学素养的一次实践。通过参加教师习作营，教师对新闻报道、写作创作与美文赏析的能力有所拓展，教师的写作教学与应用能力，得到提高。

新教育实验的"十大行动"之一便是"师生共写随笔"，提出了"读、思、写"应成为教师和学生的日常生活方式。为此，学校开设了丰富多彩的习作课堂。中国作家协会会员、泉州市作家协会原副主席、泉州市校园文化促进会副理事长、泉州少年文学院院长蔡芳本老师为学校教师们带来《新闻写作指导》讲座，从新闻、文学与历史三者的特点切入，分析了三者的区别与联系，并逐一分析新闻的几种方式，进行对应的写作指导。福建省作家协会会员、泉州市作家协会理事、泉州市校园文学创作委员会副主任北辰老师开展写作专题讲座，以如何提升自我素养作为切入点，从书写、口语表达和写作三方面展开讲解，提升教师的写作素养。

## 三、"文艺两新"文艺实践基地

"文艺两新"文艺实践基地的成立，为星光文学社的学生搭建了阅读和文学艺术的桥梁。学校通过著名作家分享会，营造"书香校园"的氛围，让师生与作家名师面对面交流，与泉州本土历史名人跨时空对话，一起聆听历史榜样故事、阅读泉州传统历史，以史为桥梁，穿梭500年光景，回望泉州那个时期的励志读书氛围，用榜样的力量润泽每个孩子的心灵。

## 四、星光文学社、儿童诗社、《星光报》

星光文学社、儿童诗社和《星光报》是"读写绘"基地的三个重要组成部分。它们通过开展各种活动和比赛，激发学生的阅读兴趣和创作热情，提高他们的文学素养和审美能力。同时，为学生提供展示自己才华的小舞台，让他们在轻松愉快的氛围中成长和发展。

### （一）星光文学社

星光文学社是"读写绘"基地的一个文学社团，就像一个温馨的小屋，为学生提供了一个交流文学、分享思想的场所。在这里，学生可以阅读各种小说、散文、诗歌等优秀的文学作品；也可以在教师的指导下，深入了解文学作品的主题、情感和艺术手法，提高自己的文学鉴赏能力和审美情趣。

在星光文学社，学生还可以参加各种文学活动，如读书分享、写作指导、文学讲座等。这些活动让学生在轻松愉快的氛围中感受文学的魅力，激发了他们的创作热情。他们可以在教师的指导下进行创作，将自己的思想和情感通过文字表达出来，锻炼自己的写作能力。

### （二）儿童诗社

儿童诗社是"读写绘"基地的一个诗歌社团，就像一个充满诗意的小花园，为学生提供了一个感受诗歌、创作诗歌的场所。在这里，学生可以学习诗歌的基本知识和创作技巧，了解不同风格的诗歌特点；也可以通过朗诵活动，感受诗歌的韵律和美感，锻炼自己的口语表达能力和舞台表现力。

在儿童诗社，学生还可以参加各种诗歌活动，如诗歌朗诵、诗歌创作比赛、诗歌分享会等。这些活动让学生在诗歌的世界中感受语言的韵律和美感，激发他们的创作灵感。他们可以在教师的指导下进行诗歌创作，将自己的情感和想象通过诗歌表达出来，锻炼自己的审美能力和创造力。

**(三)《星光报》**

《星光报》是"读写绘"基地的一份报纸，就像一个展示学生才华的小舞台，为他们提供展示自己新闻写作和编辑能力的场所。在这里，学生可以学习新闻写作的基本知识和技巧，了解新闻报道的规范和要求；通过采访、写作和编辑等环节，锻炼自己的新闻写作能力；还可以了解报纸的发行流程和市场运作规律，拓宽自己的视野。

在《星光报》的编辑和刊印过程中，学生可以与同学一起合作，共同完成报纸的编辑和排版工作。他们可以发挥自己的想象力和创造力，设计出独特的版面和插图，让报纸更加生动有趣；还可以将自己的新闻报道和文学作品刊登在报纸上，与同学们分享自己的成果和喜悦。

## 五、智慧"读写绘"：星光朗读亭+金种子阅读平台

"读写绘"基地还有两个重要的智慧"读写绘"平台——星光朗读亭和金种子阅读平台。

**(一) 星光朗读亭**

星光朗读亭是一个专为学生设计的朗读场所，利用先进的语音识别技术，让学生可以自由地朗读自己喜欢的文学作品，并即时获得朗读的反馈和建议。这不仅锻炼了学生的口语表达能力，还提高了他们的阅读理解能力。

在星光朗读亭中，学生可以选择各种文学作品的段落进行朗读。亭内的智能系统会根据他们的朗读表现，给出相应的评分和建议。这使得孩子们在朗读过程中能够及时纠正发音、语调等方面的不足，提高自己的朗读水平。同时，这些作品还可以通过二维码的方式，实时分享给自己的亲人、好友。

## （二）金种子阅读平台

金种子阅读平台是一个在线阅读平台，为学生提供了丰富的阅读资源。这个平台集合了各种类型的文学作品，如小说、散文、诗歌、科普知识等，可满足不同年龄段和兴趣爱好的学生的阅读需求。

金种子阅读平台还具有互动功能，学生可以在平台上与其他读者交流阅读心得和感受。这不仅增加了阅读乐趣，还培养了他们的阅读批判思维和表达能力。

通过星光朗读亭和金种子阅读平台，学生可以在"读写绘"基地中享受阅读的乐趣，提高自己的阅读理解能力和表达能力。这两个平台为孩子们提供了智慧化的"读写绘"体验，让他们在轻松愉快的氛围中增长知识、拓宽视野。

# 第二节 "劳创能"实践活动基地

"劳创能"实践活动基地是一个融合劳动创造、科技创新和实践教育的综合性实践场所，以培养学生的劳动技能、创新思维和实践能力为目标，通过各种丰富多彩的活动，让学生在实践中学习、体验和成长。

## 一、一米花田

"一米花田"是个充满色彩和生机的世界，不仅是"劳创能"实践活动基地的美丽景观，更是学生的乐园。在这里，学生可以与大自然亲密接触，体验劳动的乐趣，学习关于花卉的知识，培养观察力和实践能力。

对于小学生来说，"一米花田"是一个绝佳的学习场所。在这里，他们可以亲手播种、浇水、施肥，观察花卉的生长过程，了解植物的生长习性和环境需求。这不仅锻炼了他们的动手能力，还培养了他们的观察力和耐心。

此外，学校还经常在"一米花田"举办各种活动。例如，基地会组织花卉知识讲座，邀请专家为学生讲解花卉的种类、生长过程和养护技巧。这样的活动不仅丰富了学生的知识储备，还激发了他们对自然科学的兴趣。

除了学习知识，"一米花田"还为学生提供了一个社交和互动平台。在这里，他们可以结交新朋友，一起参与劳动，一起分享经验。这有助于培养学生的团队合作精神和社交能力。

对于小学生来说，"一米花田"的教育意义非常深远。通过参与劳动和观察花卉的生长过程，他们可以培养对大自然的敬畏之心，认识人与自然和谐共生的重要性，养成珍惜生命、关爱他人的好品质，培养良好的品德和价值观。

## 二、金种子农场

在校园的角落里，有一个充满生机和活力的地方，那就是"金种子农场"，是"劳创能"实践活动基地的主要阵地。这里是大自然的课堂，是学生的乐园。他们在这里与大自然亲密接触，感受自然与农业的魅力。

### （一）农场初探

走进"金种子农场"，首先映入眼帘的是一片片绿油油的农田。农田里，各种各样的农作物茁壮成长，仿佛是大自然的绿色画布。在这里，学生可以亲手触摸到农田的土壤，感受到大自然的温暖和力量。

### （二）农作物的种植与养护

在"金种子农场"，学生亲身参与农作物的种植和养护。他们学习如何翻耕土地、播种、施肥、除草、灌溉等，体验农业生产的艰辛与乐趣。在这里，学生不仅学会了如何种植农作物，还培养了耐心和细心的工作态度。

在种植过程中，学生会发现农作物的生长需要阳光、水分、肥料等条件。他们会亲手浇水、施肥，观察农作物的生长过程。当看到自己种植的农作物茁壮成长时，学生会收获无比的喜悦和成就感。

### （三）农业知识的传授与学习

"金种子农场"不仅是学生的实践场所，还是他们学习农业知识的好平台。在这里，基地的专家和教师会为学生讲解农业的基本知识，如农作物的生长习性、农业技术、农业机械等。通过实地观察和实践操作，孩子们能够更深入地了解农业的奥秘和魅力。

此外，农场还经常举办各种农业知识讲座和实践活动。例如，基地会邀请农业专家为学生讲解农作物病虫害的防治方法、组织学生参观现代化的农业设施和机械设备、开展农作物品种识别和农产品加工制作等。这些活动不仅丰富了孩子们的知识储备，还激发了他们对农业科学的兴趣。

### （四）环保意识的培育与传承

"金种子农场"非常注重环保意识的培育和传承。在这里，学生不仅学会了如何保护环境、节约资源，还懂得了如何合理利用废弃物和减少污染。例如，基地会组织学生回收废弃物制作手工艺品，引导他们合理使用化肥和农药，鼓励他们参与农场的绿化和美化工作，培养他们的环保意识和责任感。

### （五）收获与喜悦

在"金种子农场"里，学生可以亲手收获自己种植的农作物。当看到自己辛勤劳动的成果时，他们会感到无比的喜悦和成就感，也会更加珍惜粮食，认识到粮食的来之不易。

### （六）展望未来

随着社会的发展，人们对自然环境的关注度不断提高，"金种子农场"的发展前景非常广阔。未来，基地可以进一步扩大农场的规模和设施，增加更多的农作物品种和家禽养殖项目，提高农场的科技含量和创新性，开展更多的农业实践活动和文化交流活动，加强与社区和其他学校的合作与交流，培养更多的农业科技人才和环保意识较强的公民。

"金种子农场"是"劳创能"实践活动基地的重要组成部分，为学生提供了一个亲近自然、体验农业的好去处。学生在这里了解农业的全过程，学习农业知识，增强环保意识，既培养了观察力、实践能力，又培养了团队合作精神和社会责任感。

## 三、空中花园

当我们踏入"劳创能"实践活动基地的"空中花园"时，仿佛进入了一个神秘而充满生机的世界。这里是建立在学校星光体育场上的一个植物王国，充满了绿色和生命的活力。这个"空中花园"，是家校合作的"产品"，是家长们特地为孩子们打造的绿色空间。

在"空中花园"，学生可以接触各种植物、花卉等。他们为植物浇水、施肥，观察植物的生长过程，逐渐升起对生命的敬畏之心。在这里，学生学会了如何养护植物，感受生命的奇迹。

## 四、美食工作坊

"劳创能"实践活动基地为学生打造了一个充满惊喜的美食工作坊。在这里，烘焙与其他美食制作活动并存，让学生在探索美食的世界中体验更多元的制作乐趣。

**（一）多样的美食体验**

烘焙区：香气四溢的面包、蛋糕、饼干等烘焙美食是孩子们的最爱。在专业烘焙师傅的指导下，学生亲手制作这些美味佳肴，学习各种烘焙知识和技巧。

烹饪区：这里有丰富的食材和烹饪工具，孩子们可以尝试制作各种家常菜和地方特色菜。他们可以学习如何挑选食材、合理搭配，以及掌握各种烹饪技巧。

小吃制作区：这里汇集了各种小吃制作设备，孩子们可以尝试制作自己喜欢的街头美食。他们可以学习如何制作地道的煎饼果子、烤冷面等小吃，感受地道的美食文化。

饮品调制区：在这里，孩子们可以学习如何制作各种时尚饮品。他们可以尝试调制各种口味的奶茶、咖啡，还可以学习到健康的果汁搭配方法。

### （二）美食制作背后的故事

在每个美食制作区域，学生都可以学习食材的知识和烹饪技巧，了解美食背后的故事和文化背景。例如，中国各地的饮食文化和特色菜肴，以及不同民族的美食传统。这些知识丰富了学生的视野，让他们更加珍视和欣赏不同地域的美食文化。

### （三）分享与交流

在美食工作坊中，教师鼓励学生互相分享自己的制作心得和美食作品，既可以分享自己在烘焙中遇到的困难及解决方法，也可以分享自己在烹饪和小吃制作中的创意搭配。这样的分享环节促进了学生之间的交流与合作，让他们在美食制作的过程中收获更多的友谊与快乐。

### （四）美食制作的意义

学校通过多样的美食制作活动，首先，可以培养学生的动手能力。在不同的美食制作过程中，学生需要动手操作各种工具和食材，锻炼手眼协调能力，提高动手能力。其次，可以传承美食文化。通过了解不同地域的美食文化和传统，学生可以感受美食所蕴含的历史和文化底蕴，从而更好地传承和发扬这些传统。再次，可以激发学生的创新思维。在美食制作过程中，学生可以发挥自己的创意和想象力，尝试不同的搭配和制作方法，激发创新思维和解决问题的能力。最后，可以培养学生的团队合作精神。在美食制作过程中，学生需要互相合作、共同完成任务，可以培养团队合作精神和协作能力。

## 五、科创实践基地

科创实践基地不仅是一个培养学生科技创新能力的场所，也是一个劳动创造的重要平台。在这里，学生通过亲手实践，体验劳动创造的价值，将科技创新与劳动创造完美结合。

### （一）劳动创造实践

科创实践基地提供各种劳动创造实践机会，如手工制作、工艺品制作等。学生可以在导师的指导下，亲手制作各种手工艺品，体验劳动的乐趣和成就感。例如，他们可以制作 3D 打印的小物件、编程机器人模型等。

### （二）劳动教育与科技创新的融合

科创实践基地注重劳动教育与科技创新的融合。通过教授孩子们基本的劳动技能和知识，培养他们的劳动习惯和意识。同时，也鼓励孩子们运用所学的科技知识进行创新设计，将劳动教育与科技创新相结合，培养孩子们的综合能力。例如，可以教授孩子们如何使用 3D 打印机制作模型，并让他们了解 3D 打印技术的原理和应用。

### （三）具体案例（预设）

在科创实践基地，有一个名为"智能环保项目"的具体案例。这个项目是由一群学生组成的团队完成的。他们先进行市场调研，了解环保产品的需求和趋势。然后，运用所学的科技知识，设计并制作了一个智能垃圾桶。这个垃圾桶可以通过传感器检测垃圾的种类和数量，并通过数据分析为用户提供个性化的垃圾分类建议。同时，这个垃圾桶还具有自动开盖、垃圾压缩等功能，提高了垃圾处理的效率和便捷性。这个项目不仅锻炼了学生的动手能力和创新思维，还培养了他们的环保意识和责任感。

科创实践基地是一个为学生提供劳动创造和科技创新实践机会的场所。在这里，学生可以通过劳动创造实践，体验劳动的价值和乐趣；通过科技创新实践，培养自己的创新思维和实践能力；通过团队合作，培养自己的团队合作精神和沟通能力；通过劳动成果展示与分享，提高自己的自信心和成就感；通过教育与生活的融合，培养自己的生活技能和综合素质。

在星光育人课堂中，学生可以参加各种丰富多彩的活动，如文学创作、艺术表演、劳动实践、科技创新等。这些活动不仅有助于培养学生的创造力和团队合作精神，还可以帮助学生学习如何通过文字表达自己的思想和情感，同时欣赏其他同学的优秀作品，从而提升自己的文学素养。在文学创作基地，学生可以发挥自己的想象力和创造力，创作出属于自己的文学作品。在劳动实践基地，学生可以亲身体验各种劳动活动，如种植、养殖、手工艺等，从而培养自己的劳动技能和团队合作精神。在科创实践基地，学生可以学习到各种科技创新的知识和方法，也可以参与各种科技竞赛和实践，从而提升自己的科技素养和创新能力。

星光育人课堂是一个充满活力和创意的场所，不仅有助于培养学生的创造力和团队合作精神，还可以提高他们的文化素养和综合素质。

## 第三节 "家校共育"协同发展

星光家校文化，顾名思义，是一种以善良、融合为核心价值观的文化体系，强调学校、家庭和社会三者之间的紧密协作，共同为学生的健康成长创造良好环境。在这个文化体系中，善良代表着关爱、尊重和信任，融合则象征着多方力量的协同合作，以实现教育目标的一致性。

### 一、星光家校共育理念

过一种幸福完整的教育生活，是新教育实验的宗旨。幸福和完整，也是家校社合作共育的根本方向。

#### （一）融洽的家校文化

通过定期开展家访活动，让家长成为学校教育的知情者、参与者、合作者，与学校建立良好的伙伴关系，共同担负起育人的任务。发挥好社区对学校育人的辅助作用，保持警、校联动互动关系，加强法治教育和社会教育，既保证学生在校的安全，又从一定程度上预防和打击犯罪行为。例如，东星实小以"善"育人，丰富完善"感恩教育"。以感恩活动为载体，让青少年学生从活动中体验感恩，回归现实生活，从身边小事做起，从点滴做起，在生活中实践感恩，使其情、意、行在情理交融中实现自我完善，自觉回报父母、师长的恩情，也较好地回馈社会。

### （二）融合的家校文化

强化家校社协同育人。充分发挥学校指导作用，明确家长主体责任，研究建立学校家庭社会协同育人体系，健全家校联系工作机制，充分发挥家长学校、家长委员会、家长会等作用。同时，强化综合实践育人，积极开展研学实践、志愿服务等综合实践教育。

### （三）融通的家校文化

融通的家校社文化强调的是整体性和合作性，在相互依存、相互促进中，营造和谐、积极向上的教育环境，促进学生的全面发展。

学校通过家访、家长会、家长委员会议、家长工作坊、致家长的一封信、微信电话通知等多种途径加强学校与家庭的联系，帮助家长树立正确的教育理念，让家长成为学校教育的知情者、参与者、合作者，建立家长和社会合作共育。拓宽学校与社会联系渠道，建立校友关系网络，开展社会实践活动，加强与媒体的沟通，建立社区合作机制，以更好地服务学生与社会。

## 二、星光家校的实践策略

### （一）加强制度建设

制度是做好一件事情的重要保障。东星实小在学习掌握国家的相关政策、法律、规章制度的基础上，制定和完善本校的相关规章制度。

图 31

作为新教育实验区校，东星实小认真学习各种法律法规文件，根据本地实际，积极主动争取妇联、关工委及教育、文化、卫生、文明办等各个部门的支持，争取最大的政策空间。同时，在政策法规的框架下，完善自己的家校合作共育制度，依法依规开展工作。

### （二）积极搭建平台

家校合作共育需要一定的平台和载体。日常最常见的平台与载体就是"家长委员会"和"家长学校"。近些年来，无论从机构的名称、实际发挥的作用还是未来发展的趋势来看，新教育都在进一步拓展家校合作共育的平台。

在实践探索中，东星实小主张用"父母"代替"家长"、用"家校合作委员会"代替"家长委员会"、用"新父母学校"代替"家长学校"。

### （三）畅通交流渠道

家校之间坦率而又真诚的交流、充分而又对称的信息分享、经常性的联系，是良好的家校合作关系的基础。家校沟通的渠道主要有：

1. 家校读物

沟通交流需要媒介和载体。精心策划、用心编写、精心印刷的各种读物，如《家校合作指导手册》《星光报》等，既是家教指导的重要方法，又是家校沟通的重要阵地。

2. 微信群、QQ 群、钉钉直播等

无论是手机短信、飞信、QQ 群、微信，还是 APP、家校通等，其及时性、互动性和便利性等特点，都为家校沟通提供了技术支撑。东星实小的教师也能够

第五章 星河筑梦，智启未来——星光德育

利用这些"利器",做好与学生父母的交流。学校建立了基于网络平台的家校社共育新机制。学校、家庭、社会,以及教师、父母、学生,都能够通过网络、短信、QQ群、微信等多种平台,实现便捷、及时的信息资源的交互与数据共享,形成了学校、家庭、社会立体的"爱的朋友圈"。

3. 家校互访

家校互访,就是家校双方深入彼此的教育现场,包括家访与校访两种形式。

家访,曾经是家校交流最行之有效的做法。在信息时代到来之后,学校一度用电话、网络代替了家访;或以把父母请进学校交流,代替教师走进家门交流。如今,许多有识之士已经发现取消家访的弊端。人们发现,许多用语言难以说明白的事情,一旦到了孩子家中,看一看孩子日常的生活环境,观察一下家庭成员之间的交流方式、一言一行一举一动,甚至是无声无息,就能够捕捉到问题的根源。所以,家访就是让教师深入家庭教育现场,是一项无可替代的重要工作。

校访,主要通过学校开放日进行。在开放日或者父母约定的时间,让学生父母走进校园,深入学校教育现场。父母可以在开放日中随时随地推开任何一间教室的大门,到每一间教室里去观察学校生活的细节,到食堂、图书馆等场所直观地了解教师与孩子教学与生活的方方面面。

家校互访增进了彼此的了解和信任,为其他工作的顺利开展奠定了坚实的基础。在具体操作中,还可以与其他家校共育活动相结合,以期取得更好的效果。

4. 家庭教育指导工作坊

家庭教育指导工作坊的核心目标,在于强化家庭与学校之间的协同合作,共同推动学生的全面发展。通过工作坊这一平台,家长与教师能够共同研讨孩子的教育问题,分享实用的教育方法与沟通技巧,旨在协助孩子更好地适应校园生活,提升学业成绩及社交能力。此外,工作坊还设有心理咨询与支持服务,旨在协助家长更好地应对孩子在成长过程中所面临的挑战与困境。

今后,东星实小将持续推进家校合作共育实验行动,策划创建新父母成长中心,努力争取福建省家庭教育创新基地等荣誉。

## 第四节 "馆校协同"社校共生

随着社会的快速发展和变革,教育领域也面临着前所未有的挑战。为了更好地适应社会需求,提高教育质量,学校与社会共育共生,存在着相互依存、相互促进的关系。学校作为人才培养的重要基地,承担着传授知识、培养品德、塑造人格的重要使命。而社会则是学生实践、成长、发展的重要舞台,为学生提供了丰富的资源和机会,为学生将所学知识应用于实际提供平台,提升其综合素质。

学校与社会共生共育,旨在打破学校与社会之间的隔阂,实现两者的紧密结合。学校与社会的共同参与、共同合作,可以为学生提供更加全面、深入的教育体验,促进学生的全面发展。

在这个共生圈中,学校和社会将共同承担育人的责任。学校将更加注重实践教学、社会实践,培养学生的实践能力和创新精神。而社会则将提供更多的实践机会和资源,帮助学生将所学知识应用于实际,提升综合素质。

同时,搭建学校与社会育人共生圈,还需要注重双方的互动和沟通。学校和社会应该保持密切的联系,及时了解彼此的需求和期望,共同制定教育计划和方案。双方通过共同努力,为学生创造更加优质的教育环境,培养出更多具有社会责任感、创新精神和实践能力的人才。

总之,搭建学校与社会育人共生圈是教育领域发展的重要趋势,不仅可以提高教育质量,还可以帮助学生更好地适应社会需求,实现个人价值和社会价值的统一。

下面是两个社校共生的案例。

**案例1：丰泽区东星实验小学与中国闽台缘博物馆开展共建活动**

中国闽台缘博物馆

中国闽台缘博物馆是以反映祖国大陆（福建）与宝岛台湾历史关系为主题的国家一级博物馆，集收藏、研究、展示、交流和服务等功能为一体，先后被授予全国爱国主义教育示范基地、全国青少年教育基地、国家一级博物馆、海峡两岸交流基地、省级文明单位等荣誉称号。

爱国主义是中华文化的精髓，是中华民族的精神支柱。郑成功的历史功绩至今仍然是联结两岸同胞的精神纽带和文化桥梁。作为一所坐落于郑成功雕像所在地大坪山下的新教育实验校，为学习宣传贯彻党的二十大精神，结合本校以人育人、榜样教育的办学思想，东星实小带领学生"聆听窗外声音"，传承中华优秀传统文化，弘扬郑成功爱国主义精神。2023年3月28日，学校与中国闽台缘博物馆共建，开展以"追寻英雄足迹 感悟爱国情怀"为主题的郑成功文化进校园活动。本次活动由学校少先队大队辅导员黄蕾蕾老师主持。

在活动现场，中国闽台缘博物馆书记王辰虎和丰泽区教育局局长李晓灿共同为"馆校合作共建单位"揭牌，一起见证了东星实小和中国闽台缘博物馆成为馆校合作共建单位。张桂英校长为陈秀强主任颁发东星新教育智慧点灯人聘书，杨晓惠书记为洪思慧、赵瑜讲解员颁发辅导员聘书。相信在中国闽台缘博物馆的倾力支持下，东星少年们定能努力奋进，学习榜样人物，走成功之路，争做新时代中国特色社会主义的接班人与建设者。

民族英雄郑成功曾组建藤牌兵，在收复台湾的战役中发挥了重要作用。活动现场，中国闽台缘博物馆特邀请到辜氏太祖拳藤牌武术第十四代传承人辜丽君、辜丽萍两位老师，为大家带来了精彩的藤牌操练展示；博物馆的讲解员作清藤盾牌文物宣讲、郑成功文物三维演示，带领大家参观《海峡两岸郑成功史迹展》。整个主会场，学生学习氛围浓烈，收获满满。

本次活动内容丰富多彩，同步开展了"探'成功之路'"游园活动，在郑成功史迹点拼图、《复台》诗拓印和诵读、藤牌兵操练、"跳方格"寻足迹等环节打卡，学生纷纷驻足参与。东星学子灿烂的笑容感染了在场的嘉宾和教师，他们纷纷投入游园活动中，整个分会场热闹非凡。

活动尾声，嘉宾们一同参观了学校的校园建设，王辰虎书记和李晓灿局长也为学校接下来的办学目标和教学发展提出了建设性的意见。

通过本次馆校共建活动，进一步提升了学校师生的文化素养，激发了学生的爱国热情。接下来，学校将继续借助中国闽台缘博物馆的力量，持续学习贯彻党的二十大精神，开发馆校卓越课程，带领东星实小的学生共同传承中华优秀传统文化，不断提升学校的文化软实力和中华文化影响力。

## 案例2：学习宣传贯彻党的二十大精神

### 追寻英雄足迹　　感悟爱国情怀

——博物馆进校园（东星实小站）系列活动方案

**一、活动意义**

党的二十大报告提出，以社会主义核心价值观为引领，发展社会主义先进文化，弘扬革命文化，传承中华优秀传统文化，满足人民日益增长的精神文化需求，巩固全党全国各族人民团结奋斗的共同思想基础，不断提升国家文化软实力和中华文化影响力。

爱国主义是中华文化的精髓，是中华民族的精神支柱。郑成功的历史功绩至今仍然是联结两岸同胞的精神纽带和文化桥梁。

为学习宣传贯彻党的二十大精神，贯彻落实教育部、国家文物局《关于利用博物馆资源开展中小学教育教学的意见》（文物博发〔2020〕30号），今年将大力推进与中小学校馆校共建的工作，拟以"追寻英雄足迹 感悟爱国情怀"为主题，陆续开展博物馆进校园系列活动，传承中华优秀传统文化，弘扬郑成功爱国主义精神。

丰泽区东星实验小学（以下简称"东星实小"）创建于1917年，至今已逾百年。2018年，学校迁址于郑成功雕像所在地大坪山下，是丰泽区办学规模较大的实验小学。2020年以来，先后获得市级文明学校和福建省义务教育管理标准化学校、全国新教育学校及全国足球特学校等荣誉称号。博物馆进校园系列活动首站拟在该校举行。

## 二、活动内容

（一）"寻'成功之路'"校园巡展

根据学校展示区域要求，设计提升"追寻英雄足迹 感悟爱国情怀——海峡两岸郑成功史迹展"，以图文形式展示海峡两岸郑成功史迹，计51个版面，包括成长史迹、抗清史迹、东征史迹、纪念史迹四个部分，集中呈现郑成功赤胆忠心的爱国情怀和浩气长存的英雄气概。

（二）"探'成功之路'"游园活动

将结合展览内容，延伸开展"探'成功之路'"游园会。参与活动的同学在展览讲解后，根据自己的喜好来参与史迹点拼图、《复台》诗拓印和诵读、藤牌兵操练、"跳方格"寻足迹等环节打卡。通过关卡，将为通关者盖上"郑成功军队印信"通关章。完成所有关卡，可获得明信片一张。

（三）"绘'成功之路'"主题绘画比赛

根据前期的巡展、社教、宣讲等活动，让学生在了解郑成功历史功绩和相关史迹点、文物展品的基础上，完成"我心中的郑成功"画作，并选取优秀作品在我馆公众号展示，颁发"优秀作品"证书。

### 三、活动具体安排

（一）时间

2023年3月28日星期二下午3：30

（二）地点

东星实小（架空层、大操场）

（三）参加人员

1. 中国闽台缘博物馆领导及工作人员

2. 丰泽区教育局领导及相关媒体人员

3. 东星实小师生代表

（四）活动流程

1. "馆校合作共建单位"揭牌仪式

活动主持：东星实小教师【负责人：黄蕾蕾】

揭牌嘉宾：馆领导、丰泽区教育局领导、学校领导

活动地点：学校架空层

2. 藤牌操练展示、文物宣讲【负责人：蔡素真/学生观众40人】

表演嘉宾：辛氏太祖拳藤牌武术传承人辛丽君

文物宣讲员：范怡婷

活动地点：学校架空层

3. 参观"追寻英雄足迹　感悟爱国情怀——海峡两岸郑成功史迹展"展览（20~30分钟）【负责人：林幸烨（学生组织）】（五年段学生代表，人数：30人）

活动地点：学校架空层

讲解：赵瑜、洪思慧

4. "探'成功之路'"游园活动（30分钟）【负责人：杨晓惠】

活动地点：学校书香园

内容：组织学生分别参与

（1）史迹点拼图【负责人：蔡逸雯】（一二年段学生代表，人数：15人）

（2）《复台》诗拓印和诵读【负责人：何钰洁、陈珊萍】（四年段学生代表，人数：15人）

（3）藤牌兵操练【负责人：陈江彬】（四年段学生代表，人数：20人）

（4）"跳方格"寻足迹【负责人：许春燕】（三年段学生代表，人数：15人）

社教人员：吕行、洪晓静、赵瑜、洪思慧

### 四、后续安排

（一）签订馆校共建协议

双方根据各自的优势和条件，联合进行相关文化资源的挖掘、研究、整理，开发具有闽台特色的教育课程和教材。定期反馈信息、交换意见，以促进各项工作的顺利开展，并根据实际情况开展座谈、总结、交流宣教工作经验和想法。

（二）推动馆校合作课程

将策划开展"影响台湾海峡的那些人"馆校合作课程，选取在明清时期具有代表性的历史人物，与学校教师共同设计专题课程、开发相关校本教材。计划于2023年春季开学后，定期赴学校开展主题课程。博物馆社教人员协助培训学校授课教师，将馆校合作课程运用到日常教学课程中。

（三）开展年度榜样深度研学

东星实小将坚持"榜样育人、点亮童心"的教育理念，将郑成功作为年度榜样人物开展深度研学活动，内容包括"聆听窗外的声音：郑成功的故事"微宣讲、"追寻榜样人物的足迹"——研学参观南安郑成功纪念馆、开设"民族英雄郑成功小课堂"、组织"感悟爱国情怀 绽放师生风采"教师研学活动摄影、"我心中的郑成功"主题征文等，邀请博物馆工作人员共同参与。

# 第六章　星河灿烂，梦想无边——五星评价

## 第一节　五星进阶评价的内涵依据

当前，部分学校评价侧重结果评价导向，容易导致评价标准片面化、评价维度不完整，致使学生的综合性评价不完整。在小学阶段，关注"五育并举"的过程性评价，对学生激发学习兴趣、小升初的身份过渡和全面发展具有重要意义。学校的及时评价，有助于发现学生可能存在的问题并采取有针对性的措施，确保少年儿童的健康成长。

2020年10月，中共中央、国务院印发了《深化新时代教育评价改革总体方案》，以"立德树人"为根本任务，提出"促进学生全面发展的评价办法更加多元"等改革目标，为新时代学生评价的改革与发展提供了总体方向。鉴于该方案，东星实小积极探讨实践五星进阶评价体系在学校的思路方法。

《深化新时代教育评价改革总体方案》为学校办学观作了明确的价值引领——不能再一味地追求功利的、短视的办学价值观，必须破除唯分数、唯升学的评价倾向。五星进阶评价，从注重学生日常行为规范、礼仪礼貌、学校品质、理想信念等出发，引导全体学生"扣好人生第一粒扣子"，以立德树人的观念帮

助学生树立正确的世界观、人生观、价值观。

## 一、学生为本，强化基础学习力

以德为先，育人育心，营造为党育人、为国育才的东星育人氛围。东星实小致力于"眼中有学生、心中有内涵"，真正将文化、书香、生活作为衡量学校德育为先的重要指标，让办学回归生活、回归快乐、回归真实，回归到每位学生身上，促进学生身心健康、全面发展。

回眸过去，展望未来。东星实小坐落在风景如画的大坪山下，至今已有百年的历史。时过境迁，站在新起点的东星实小，将立德树人作为学校的主要任务，以追求科学的管理思想、美观的校园环境、一流的教育质量、高素质的教师队伍、先进的硬件设备为动力，引进中国新教育实验"十大行动"，以培养"心中有爱、眼中有光、言行有范、学习有方"的新时代好少年为办学目标。在不断走向一流的征程中，东星人立志筑成东星梦，问志少年，点亮童心，开展书香墨香文化建设活动，逐步夯实学校内涵，创建深受人民群众满意的现代化高品质学校。由此，学校着力开展了以提升学生"基础学习力、综合实践力、自主创新力、持续发展力"为主的"卓善四力"课程体系及相关配套的评价体系。

坚持以人为本、全面实施素质教育，是教育改革发展的战略主题。完善"卓善四力"课程体系及相关配套的评价体系，引领学生明确成长要求、发现成长不足、完善成长途径、提升综合素质、实现德智体美劳全面发展，是学校坚持以人为本，落实新教育观念，坚持以德育人、学生为本，助力新时代儿童多样化、全面化发展的重要举措。

学校聚焦学生发展核心素养，以提升学生终身学习能力为目标，围绕学校办学理念——以善创"新"、以"新"育"星"，关注两个核心——卓越（关键能力）与至善（必备品格），开发培养"卓善四力"课程评价体系，以期培养出德智体美劳全面发展、"心中有爱、眼中有光、言行有范、学习有方"的新时代好少年。

## 二、评价为先，注重评价优化

传统的学生评价重视甄别选拔，一般通过书面考试的方式对学生进行学科、技能评价。这种评价方式速度快、结论生成简单，是平时学科测试的好办法，然而却无法客观地考核学生的实践能力、理解能力、创造能力。传统评价方式忽视了对学生良好成长的发展功能的评价，不能促进学生的长远成长。加德纳教授提出的多元智能理论认为，人的智力不是由单一的能力构成，而是由语言智能、数理逻辑智能、音乐智能、空间智能、身体运动智能、自我认识智能、自然智能和人际关系智能等多种智能构成。

学生成长评价的实施，要考虑评价主体、方式的多元化，应有效设计多种评价范围，针对不同学生的学情考量设计个性化的评价标准，使每个学生都能勇于、乐于展示自己的才能。

因此，学校加强过程管理合理评价、同伴相互评价、尝试学生介入民主评价等多种途径探索有效评价的方法，以此提高教学质量。学校以"新学校教学管理工作评价""新教育教研组工作评价""新教师教学工作评价""新学生学习水平评价"等方面为切入口，研究适合本校校情的评价制度，逐步提高评价效果，推动课改实践。

新课标指出，实施评价不仅应注重教师的评价，还要结合学生的自我评价与生生之间的互相评价。有效、及时的评价及结果反馈，有助于指导教师了解学生的方向，方便调节教学环节，优化学习成果。因此，在选拔性、等级性、奖励性评价中，凡不利于保障与促进发展的评价都不应得到实施与开展。应加强同伴互助相互评价，让探索评价与反思相结合。

## 三、融合为主，健全评价内容

东星实小将学生的成长作为目标，记录学生的成长轨迹，强调多角度、全过程、多维度的评价。基于学科育人功能，研发"卓善四力"课程评价系统，开发《星光少年评价手册》和"信息化评价平台"等评价工具，为学生构建了"基础学习力、综合实践力、自主创新力、持续发展力"的"卓善四力"综合评价体系。

星光评价体系要求教师转变以往唯分数论的单一评价模式，注重发展的过程性与增值性评价，在实践中落实以评促教，优化结果评价。在学习实践中，教师致力于培养学生"心中有爱、眼中有光、言行有范、学习有方"；在学习过程中，引导学生养成乐学、善学的良好学习习惯，及时记录学生的学习转变和学习方法选择的优化；在生活实践中，培养学生热爱体育、喜欢劳动，在实践中获得审美体验。通过多样融合，促进学生身心健康成长，让"五育并举"在学校落地生根。

学校灵活运用日常积分卡、成长记录袋等工具，通过评价导向、诊断、激励，让探索过程与终评相结合、试卷测评与表现性评价相融合、自评与他评相鼓励。学生在《学生综合素质评价册》上写出自己的成长心语进行自我展示，小组互评；家长评，并写出成长寄语；教师评，以优、良、及格、须努力四个等级标明，以激励为主，写出评语，最终形成综合素质报告单纸质——纸质文档装入学生成长记录袋，点对点发给学生家长。在学生小学毕业时，形成六年的综合素质报告。（见表4）

表4

| 评价方式 | 操作要点 |
| --- | --- |
| 日常评价 | 由班主任及科任教师写实记录，主要记录学生日常表现及个性特长情况、综合实践活动情况、获奖情况等，充分反映学生的发展情况，注重考查学生的日常行为规范养成和突出表现。 |

续表

| 评价方式 | 操作要点 |
| --- | --- |
| 学期评价 | 以学期为时间单位，对学生"基础学习力、综合实践力、自主创新力、持续发展力"的"卓善四力"综合评价，分值100分。学期综合素质评价等级为优、良、及格、须努力四个等级。 |
| 毕业评价 | 每年6月底前，学校对毕业年级学生进行毕业评价。学校以学期评价为依据，形成学生综合素质评价等级，以优、良、及格、须努力等级呈现。 |

学校在探索中明白，要做到多元评价主体融合参与评价。不同于以往教师单一评导致的局限性，学校、家庭、社区、校外实践基地等多元主体的参与，让评价影响更宽泛。同时，学生的评价是动态调节的，学校不仅要关注评价的广度，还要关注评价的深度，让评价更有温度。评价不仅是在校园内，还要建立学校与外界的多向反馈，帮助教师在"卓善"评价的引领下成为有感情的引路者和评价者。"卓善"评价不断完善，学校在实施过程中，坚持做孩子成长的守护人，开展评价反馈问卷、教师心得等，让有厚度的评价在学校生成。

展望未来，学校将继续依托卓越（关键能力）与至善（必备品格）的两个核心，围绕"卓善四力"评价体系，加强学生评价系统科学化的探索，更好地保障与促进东星少年的全面发展，进而提升学校教育质量。我们将重点关注学生在学校各个生活场景中的精气神，创设丰富多彩的活动，让学生可以对照评价内容，反思自己、评价他人，激发每位学生灵动的生命状态，促进学生自主发展，以"卓善四力"评价关注学生全方位培养，推动评价精准科学。相信未来有更多可能、可塑和可为空间。

## 第二节 五星进阶评价的运行体系

学生大部分时间都在学校度过，教师的肯定对调动学生的学习兴趣、帮助学生健康成长起着重要的作用。在学校生活中，教师针对学生的表现，适时用肯定性、鼓励性的评价，会让学生树立学习实践的自信心，让学生参与学校生活的劲头、动力更足。

因此，东星实小创设"成长银行"评价，聚焦学生成长。"成长银行"的创立，旨在创设对学生完整的评价鼓励机制，营造全体教师人人都是评价者的活跃评价氛围。少先队大队部为"总行"，各中队为"分行"，通过颁发"红领巾奖章""东星币""特色币"等形式，对学生的日常表现进行及时的评价。

## 一、创建目的

为不断增强少先队员的光荣感，为少先队工作注入新的活力，面向每一名少先队员和即将加入少年先锋队组织的小学生，建立人人可行、天天可为的基础性、日常性荣誉激励机制。将学校"自立、自主、自强、自信、自带光芒"的育人目标落地为可评价的行为，借助"成长银行"这个平台，让评价结果可视化，激发学生成长的内驱力。

## 二、实施对象

学校所有中国少年先锋队队员和已入学准备加入中国少年先锋队的少年儿童。

## 三、评价奖励类别

### （一）红领巾奖章

"红领巾奖章"以少先队中队、大队集体为基本单位，面向每一名少先队员和即将加入少年先锋队组织的小学生，建立人人可行、天天可为的基础性、日常性荣誉激励机制。设红星章、红旗章、火炬章三大类别，共计12枚基础章。其中，红星章下设向阳章、传承章、立德章、立志章，红旗章下设梦想章、小主人章、团结章、健体章，火炬章下设奉献章、劳动章、勇敢章、节约章。

在每次活动中，学校将告知各班主任哪种类别的章可以争取。此类章为稀有章，一般每次活动每年段只发放1~2枚（具体视年段的班级数而定）。

1. 红领巾奖章颁发

各中队可以按计划开展相对应年级的基础章争章活动。例如，结合党史学习、学雷锋、清明祭英烈等主题活动，各年级完成向阳章、奉献章、传承章、立德章；结合校外研学实践教育、劳动主题教育、五爱三节等活动，各年级完成团结章、劳动章、节约章、小主人章；结合学校读书节、体育节、艺术节等活动，各年级完成勇敢章、健体章、梦想章、立志章；结合分批入队活动，一年级完成光荣入队章；结合校园水文化，各年级都可以争取学校特色章——东星娃章。争章活动可以贯穿整个学年始终。

2. 校级个人一星章争章说明

校级个人一星章是从本年级全部获得东星币的少先队员中产生，由各班队根据少先队大队制定的争章标准进行考察、推荐，德育处、少先队大队部进行验收、审核，根据参评数的30%比例，学校少工委进行评定和颁发"红领巾一星章"。

争章活动中，中队辅导员根据大队制定的学期争章计划，鼓励本中队队员制定个人争章计划并做好争章记录，收集过程性材料，如争章心得、图片、书画作品、手抄报或者短视频等。少先队员积极参加中队和大队组织的各种活动，在活动中锻炼能力。少先队员认真学习争章活动中的相关知识，在学习中修炼品行。

3. 争章流程

定章：确定本学年（学期）争章种类，制定争章计划，解析奖章含义，明确获章标准和争章目标等。

争章：组织校内外实践活动，引导队员记录争章过程和感受等。

考章：量化评价，开展自评、互评、他评等。

颁章：举行庄重热烈、形式多样的颁章仪式，加强集中宣传等。

护章：珍爱所获奖章，布置争章园地，开展争章成果展示，鼓励争章积极性等。

4. 奖章获章标准

东星实小的各级各类奖章获章标准见表5、6、7。

**表5 东星实验小学春季学期争章参考标准**

| 争章年级 | 奖章名称 | 建议时间 | 争章要求 |
| --- | --- | --- | --- |
| 一年级 | 奉献章 | 3月 | 为他人或集体做一件好事。 |
| | 梦想章 | 4月 | 知道我国的国名（全称）、首都、国庆节；认识国旗、国徽，能说出国旗、国徽上"五角星"的含义。 |
| | 向阳章 | 5月 | 能说出党的名称、生日，认识党旗、党徽，描摹或涂色一面党旗（或党徽）图案。 |
| 二年级 | 奉献章 | 3月 | 自荐一个中队服务小岗位，接受岗位锻炼。 |
| | 立德章 | 4月 | 能说出社会主义核心价值观24字内容，能用自己的话说社会主义核心价值观中的"爱国""敬业""诚信""友善"的意思。 |
| | 梦想章 | 6月 | 能在世界地图上找到祖国的位置，并说说它的形状；知道我国有56个民族，能说出自己的民族。 |
| 三年级 | 小主人章 | 3月 | 阅读一本介绍雷锋事迹的故事书，或观看一部介绍雷锋事迹的电影，能用自己的话讲讲雷锋在学习、工作、生活、助人等方面的小故事，并做一件好事。 |
| | 梦想章 | 4月 | 能说出中国梦的内容，谈谈自己的梦想，说说将怎样努力实现梦想。 |
| | 劳动章 | 5月 | 养护一种花草树木或小动物，感知劳动乐趣，体验劳动喜悦。 |

续表

| 争章年级 | 奖章名称 | 建议时间 | 争章要求 |
| --- | --- | --- | --- |
| 四年级 | 节约章 | 3月 | 学习"稻田守望者""杂交水稻之父"袁隆平、带领农民致富的赵亚夫等先锋故事，分享一个节约小妙招，制作一张节粮倡议卡。 |
| | 传承章 | 4月 | 走进当地革命教育场馆（所），搜集家乡的革命先烈事迹，为革命先烈制作一张感恩卡，跟小伙伴分享1位家乡革命先烈的红色故事。 |
| | 劳动章 | 5月 | 寻访身边的劳动榜样，讲讲他们爱岗敬业的故事，说说自己是怎样向他们学习的。(是否坚持劳动实践) |
| 五年级 | 传承章 | 3月 | 观看2~3部先锋人物故事片（如《钱学森》《孔繁森》《焦裕禄》《任长霞》等），写一篇观后感，谈谈自己对"先锋"的认识。 |
| | 团结章 | 4月 | 参加"红领巾寻访春天的故事"活动，从衣、食、住、用、行等方面"与长辈比比童年"，感受改革开放带来的翻天覆地变化。 |
| | 节约章 | 5月 | 尝试买一次菜，做一顿饭，学会量入为出。 |
| 六年级 | 梦想章 | 3月 | 了解改革开放的历史（时间、标志、总设计师），能用自己的话说说什么叫"改革开放"，知道是改革开放使中华民族实现了从富起来到强起来的历史性飞跃。 |
| | 向阳章 | 4月 | 知道今天的幸福生活来自党的坚强领导；寻访各行各业劳动者，了解几个党的惠民好政策；参加"我把幸福告诉党"活动，结合自身实际说说自己的幸福，感受"听党话、跟党走"的意义。 |
| 六年级 | 小主人章 | 5月 | 知道人民是我们国家的主人，我们衣、食、住、用、行所需要的一切都是人民创造的；能说出几个我国以"人民"命名的国家机关，查一查人民大会堂为什么又叫"万人大会堂"，了解下这段故事；知道爱人民就是要向人民学习，从身边做起，爱父母、长辈、兄弟姐妹、老师、同学和集体，为人民服务，在毕业前为人民再做一件好事。 |

表6　东星实验小学秋季学期争章参考标准

| 争章年级 | 奖章名称 | 建议时间 | 争章要求 |
| --- | --- | --- | --- |
| 一年级 | 小主人章 | 9月 | 会使用文明礼貌用语，讲究个人卫生。 |
| | 勇敢章 | 10月 | 认识一位少年小英雄，讲讲他的勇敢故事，说说自己的勇敢表现。 |
| | 传承章 | 11月 | 认识毛泽东、邓小平、江泽民、胡锦涛、习近平等党和国家五代领导人，能说出习近平总书记对少年儿童的一句寄语，并说说自己是怎么做的。 |
| 二年级 | 劳动章 | 9月 | 会整理自己的物品，积极参加中队值日活动。 |
| | 传承章 | 12月 | 知道清明节、抗战胜利纪念日、烈士纪念日、南京大屠杀死难者国家公祭日等重要的红色纪念日，参加一次缅怀革命先烈活动。 |
| | 小主人章 | 全年 | 知道家人的生日，为他们制作一份生日礼物，送上生日祝福。 |
| 三年级 | 节约章 | 9月 | 参加"我的光盘行动"21天打卡活动，撰写光盘感言，倡导光盘新风尚。 |
| | 向阳章 | 10月 | 会说一个党史小故事，能跟小伙伴分享自己搜集的党史小故事。 |
| | 传承章 | 12月 | 观看几部反映各革命历史时期少年小英雄故事的红色影片，能用自己的话讲述1位少年小英雄的故事。 |
| 四年级 | 小主人章 | 10月 | 搜集几个历史上我国各族人民团结一致捍卫国家主权、维护民族尊严的小故事，能向小伙伴介绍1个少数民族的风俗，能认出2~3个少数民族的传统服饰。 |
| | 梦想章 | 11月 | 能够利用广播、电视或网络等途径了解国内外新闻大事，能各说出4~5条近一年内我们国家及你的家乡发生的大事，简单发表下你的看法。 |
| | 向阳章 | 12月 | 能说出党的历史上的主要革命根据地，介绍几个党的历史上的重要人物和事件，在家乡实地寻访一个党的红色纪念地。 |

续表

| 争章年级 | 奖章名称 | 建议时间 | 争章要求 |
|---|---|---|---|
| 五年级 | 小主人章 | 8月 | 讲讲"八一"建军节的来历和故事，知道我国的主要军种；观看一次阅兵式视频，感受人民军队的军威；了解人民军队为建立新中国立下的伟大功绩，能说出3个人民军队参加的著名战役和战斗英雄的主要事迹；会唱1~2首军歌，增强对人民子弟兵的崇敬和热爱之情。 |
| 五年级 | 立志章 | 9月 | 搜集2~3个我们社会主义祖国值得自豪的大事，会唱红色歌曲《社会主义好》，跟小伙伴交流下你对"祖国好，社会主义好"的认识。 |
| 五年级 | 奉献章 | 11月 | 积极参加"红领巾创未来"活动，围绕学习生活、城市管理、农村建设、公共卫生、环境保护、社区建设等方面，提交一份红领巾科学建议。 |
| 六年级 | 节约章 | 9月 | 开展剩饭剩菜大调查，亲身了解餐饮浪费的真实情况，撰写调查报告，提出可行性建议。 |
| 六年级 | 立志章 | 10月 | 知道我国是社会主义国家，社会主义制度有集中力量办大事的优越性，搜集新中国成立以来的史料，列举我国创造的一个又一个奇迹（不少于5个）。 |
| 六年级 | 勇敢章 | 11月 | 网络寻访几位"改革先锋奖章""共和国勋章"获得者，了解他们的先进事迹，积极参加"我为先锋画个像"活动，树立"从小学先锋，长大做先锋"的志向。 |

表7 特色章争章参考标准

| 争章年级 | 奖章名称 | 建议时间 | 争章要求 |
|---|---|---|---|
| 一年级 | 光荣入队章 | 春季学期 | 知道少先队的创立者和领导者；知道党、团、队的名称（全称）；知道少先队建队日；能说出红领巾、队旗、队徽的含义及队的作风；主动提交入队申请书；会戴红领巾、敬队礼、唱队歌、宣誓、呼号。 |
| 二至六年级 | 东星娃章 | 全年 | 能说出校风、校训；行为礼仪规范；能够自觉爱护校园；能积极参与学校组织的各项活动。 |

第六章 星河灿烂，梦想无边——五星评价

6. 个人一星章获章标准

（1）一学年来获得全部制定的基础章，星币兑换量多的；

（2）能协助中队开展"红领巾奖章"争章活动的少先队员；

（3）能为中队队员服务的少先队员；

（4）大队委抽考考章达优秀的少先队员。

7. 集体一星章获章标准

（1）中队重视开展"红领巾奖章"争章活动；

（2）中队开展"红领巾奖章"争章活动效果显著；

（3）中队开展"红领巾奖章"争章活动有创新形式；

（4）按照学校大队委要求，每月、每学期认真落实好颁章总结工作。

在评选过程中，各中队注重榜样典型的树立，少先队大队部注重聚焦少先队政治启蒙和价值观塑造主责主业，突出学校党建引领队建工作和红色基因传承。学校少工委将红领巾奖章激励机制融入少年儿童在少先队组织成长的过程，不断增强少先队员的光荣感，为少先队工作注入新的活力。

（二）五星印章（我的成长一起记：各科教师）

学生的校园课堂、学校活动、行为习惯表现，均可以作为教师过程性评价依据。学校采用积分进行过程性评价，积极鼓励学生在活动体验中有获得感。学生在完成相应任务，取得良好效果的，可分别在成长银行手册获得教师相应的评价。各中队根据学校制定的《成长银行评价标准》，根据学生校园表现，奖励相应的章。积累评价可以激发更多学生的学习兴趣和潜能。

比如，在学校每天的午餐时间，班级的小督导员和小助餐员尽职尽责协助队员完成午餐任务后，可以在光盘行动记录表予以登记，教师根据次数提出表扬，各班可以根据本班的班情评选出优秀小督导员和小助餐员，累计数量多者可额外获得相应章。"成长银行存折"制作精美，以学校图片、"五自星"形象和校徽、成长银行标志为主体，对于学生来说很有收藏价值。

集章建议：各班会放置五星章印章，各科教师记录学生在校表现优秀次数，积累5次在"成长银行存折"（自立、自主、自强、自信、自带光芒）选择相应板块盖1个章。

1. 阶梯评价参考

（1）自立星币

①行为之星：行为规范的榜样。不迟到早退，不和同学发生摩擦，坐姿端正，桌椅摆放整齐；午饭尽量不剩饭菜，餐盘摆放整齐，自己课桌整理干净，遵守午睡要求；放学安静排队，不掉队。积累5次得1章（班主任和护餐教师管理记录。如光盘5次，护餐教师给1章）。

②纪律之星：每周的值日生评比。在班级上乐于助人，主动承担班级事务，认真值日，巡视班级卫生角扫把、拖把等摆放，检查教室和公区卫生，提醒同学早读、眼保健操、广播体操认真完成等。积累5次得1章（班主任管理记录）。

（2）自主星币

①课堂之星：上课期间积极思考，积极回答问题；声音洪亮，问答如流，不开小差。积累5次得1章（各科教师记录）。

②学习之星：各科各项作业完成情况良好，无拖欠作业的情况。如听写本错误少、生字本字迹工整，积累5次得1章（各科教师记录）。

（3）自强星币

①艺术体育之星：认真完成音乐、美术任务；认真做课间操、完成各项体育任务，积极参加体育训练。积累5次得1章（各科教师记录）。

②劳动之星：保持自己座位干净整洁，热爱劳动，积极参与学校和班级布置的劳动任务。积累5次得1章（各科教师记录）。

（4）自信星币

①礼仪之星：见到老师主动问好。给帮助自己的同学、老师说谢谢。同学之间发生小摩擦，主动道歉说对不起。升旗仪式上站姿端正，对国旗恭敬。积累5次得1章（各科教师记录）。

②卓越口才之星：积极参与朗读亭、升旗等，热爱表达。积累5次得1章

(各科教师记录)。

(5) 自带光芒星币

校园之星：特殊的奖励，以鼓励同学进步和特长发展。获得校级及以上荣誉，积极参赛并认真对待等。

### (三) 东星币（我的星币我来兑：班主任）

每周固定一天，学生可凭存折上的五星章找班主任兑换相应的东星币

表8 东星币兑换标准

| 颜色 | 兑换数量 | 名称 | 作用 |
| --- | --- | --- | --- |
| 黄色 | 5个章 | 自立星币 | 用于课后延时期间、学校组织的其他活动及良好的行为习惯；学生能够独立自主完成任务，包括纪律、卫生方面。 |
| 绿色 | 5个章 | 自主星币 | 主要用于学生学习、阅读方面。 |
| 橙色 | 5个章 | 自强星币 | 主要用于艺术、体育、劳动类，积极进取、乐观向上、勤奋好学、自强不息，争做新时代东星好少年。 |
| 蓝色 | 5个章 | 自信星币 | 主要用于热爱祖国、关心时事、乐于助人、尊重师长、团结同学、爱护公物、追求科学、发明创造等。 |
| 红色 | 10个章 | 自带光芒星币 | 属于特殊星币，用于特殊表现以及特别贡献等。 |

## 四、获得标准

每个教师都是评价鼓励者，在学校的任何时候（上课、值班、课间等）都可以通过发现学生的亮点，来行使奖励权利，统计次数并进行盖章。

也可以根据班级制定的东星达人榜，对表现好的学生进行统计记录并奖励。

盖章的鼓励机制是随时的，没有固定时间和地点。每个教师只要有发现表现突出的学生都可以进行阶梯评价，统计数量，达标后盖章，学生再向班主任兑换东星币。

## 五、兑换准则（我的星币我来用：学生）

每位学生领到一本"成长银行存折"，每集齐章（5的倍数）可向班主任兑换东星币；东星币自行保存，如有缺失，将失去兑换资格。礼物兑换时间：每月一次。

综上，面对当前学生评价工作的不足，学校需要不断更新完善评价管理工作，推动评价的优化。而更新评价标准是一个长期的课题。要用好评价理论在日常教学管理中的作用，积极学习先进评价理念，关注学生的主体地位，关注教学全过程的评价及多方立体式评价。真正实现校园评价，不仅能准确评估学生综合水平，还能激发教师参与热情，让"善卓"评价为东星学生培养工作起更深、更广的促进作用。

# 第七章　星月皎洁，明河在天——星光教师

在践行新教育的"完整"理念上，学校基于"善文化"的传承，通过教师自身的"善知"来求得"完整"。星光教研文化，是要打造"善知"的教师队伍。教师队伍的成长，首先在课堂，其次在教研，最后在科研。善为、善学、善思、善省教师发展，是学校发展的动力之源。只有拥有一支高素质、专业化的教师队伍，学校才能在新教育征程中砥砺前行，为学生提供全面、协调、和谐的教育环境。在这个过程中，教师要始终坚守教育教学的初心，以人为本，关注学生个体发展，为实现中华民族伟大复兴的中国梦贡献力量。

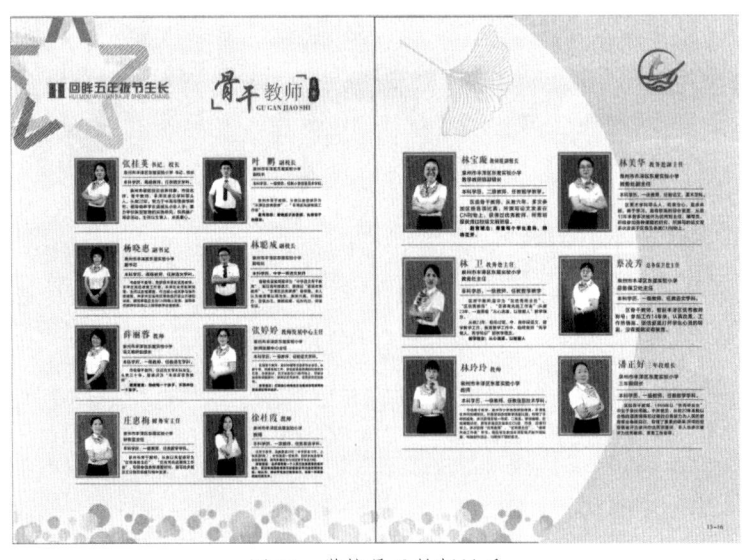

图 32　学校骨干教师风采

## 第一节　铸造"善为"师魂

学校贯彻习近平总书记对教师的殷切希望，将"四有好老师"标准、"四个引路人"、四个"相统一"和"四个服务"等要求细化落实到教师培养全过程。

### 一、抓好师德师风建设

业以师立，师以德馨。师德师风建设是学校教育发展的灵魂。为进一步提升学校教师职业道德素养，推进师德师风建设工作，营造风清气正从教氛围，学校严格执行教育部门相关文件精神，结合学校实际，始终坚持把师德师风建设作为评价学校教师队伍素质的第一标准，把"四有好老师"和《新时代中小学教师职业行为十项准则》作为学校师德师风建设的基本遵循，努力铸就一支忠诚党的教育事业、潜心教书育人、师德高尚的高素质教师队伍，做到让学生尊重、让家长信赖、让社会满意。

学校不定期开展师德师风警示教育大会，从"立身、立学、施教、育德"出发，组织学习《新时代中小学教师职业行为十项准则》等师德师风相关政策法规、制度，要求全体教职工必须提高政治站位，立足本职岗位，强化师德意识，严明政治纪律和工作作风，对照准则进行自查自纠，守住教书育人的底线，切实担负起"立德树人""以德育德"责任，争做"四有好老师"，时刻牢记自己的人民教师身份。此外，学校积极开展各类师德主题教育，落实师德师风第一标准，强化师德建设主体责任，严格落实中小学有偿补课和教师违规收受礼品礼金问题专项整治工作的相关要求，加强师德警示教育，拓展师德师风治理成果，深化落实《新时代中小学教师职业行为十项准则》，推动师德师风建设常态化、长效化。

## 二、注重榜样引路作用

三尺讲台勤耕耘，春风化雨育桃李。学校以优秀"四有好老师"标兵为榜样，内练功夫、外塑形象，全面提升教师素养，铸造一支优秀精良的教师队伍。学校每学年遴选出优秀教育工作者、骨干教师、优秀班主任等代表，并在教师节举行隆重的颁奖、表彰仪式，大力宣传和弘扬师德典型，树立为全体教师的学习榜样，充分发挥示范和引领作用。

2023年9月9日下午，东星实小举行了隆重的表彰大会以庆祝第38个教师节。其中，张婷婷获评市级优秀班主任，李伟宏获评市级优秀少先队辅导员，赖少芬、徐杜霞获评区级优秀教师，黄倩茹、杜警威获评区级优秀班主任，蔡凌芳获评区级德育先进工作者；何崧萍、吴靖钰、薛丽蓉获评校级优秀班主任，（一年五班）黄蕾蕾、（二年八班）林纤纤、（四年三班）方圆获评校级先进班集体，颜丽玉获评优秀段长；杜幼莲、邱婉娥、王淑群、陈珊萍、庄惠梅获东星实小"最美教师"提名奖，薛丽蓉、潘琼珍获"最美员工"奖。表彰只是手段，却是肯定教师辛勤付出和进步的良好抓手。

## 三、弘扬新教育教师的行动文化

学校改变教师的行走方式，积极推动教师践行爱的精神、相信精神、行动精神、创新精神、卓越精神组成的"善新精神"。

朱永新教授说："理想课堂有'六维度''三境界'。"卢志文总校长提出，"理想课堂教无定法，但是课有定则。"近几年，东星实小一直深耕课堂，不断摸索理想课堂的真正样态，改变教师的行走方式。

2023年10月13日下午，东星新教育种子团队在丰泽区教师进修学校副校长李舒霞的带队下，来到厦门实验中学参加由同安区教育局举办的中小学课堂教学实践培训活动，聆听中国陶行知研究会副会长、江苏昌明教育基金会理事长、翔宇教育集团总校长、新教育研究院名誉院长卢志文先生的《理想课堂：从"教学"到"学教"》主题培训。东星实小的吴月梅老师以"一间会长大的教室"为主题娓娓道来，讲述学校让墙壁说话，让文化开花，让教室成为师生心中的温馨家园。短短的叙述，精彩地展现了近几年东星实小在新教育的沃土里蓬勃生长的美好姿态，亦在厦门教育同行面前展现了一个丰泽教育人优秀的专业水平和教育情怀。

2023年11月10日上午，为更好地探索实践学校新教育实验，构建素养导向的"东星新课堂"，着力推进学校教科研工作，改变教师的行走方式，促进教师专业发展，东星实小与静宁县文惠小学携手开展云端教研活动。

2023年2月13日下午，学校举办丰泽区"点亮童心"领航校长成长工作坊"新教育实验专题沙龙活动"。本次活动邀请新教育研究院研究中心执行主任林忠玲、新教育发展中心主任张硕果、新教育研究中心副主任朱雪晴，以及泉州市教育局思政科苏炳炎督学、丰泽区教师进修学校校长庄松辉、丰泽区教育局德育科负责人孙传勇，开展实地考察、现场指导和专题培训。第一位种子教师吴月梅讲述了自己与完美教室的一段动人故事。小小的教室，大大的梦想。她希望让教室里的每个学生穿越课程与岁月，在东星度过童年最美好的时光。第二位种子教师李伟宏秉持"教给学生一生有用的东西"的新教育核心理念，畅谈推进"每月一事"的累累硕果。推进"每月一事"，不仅是对生活串串足迹的综合梳理、对生命段段旅程的整体观照，更是对学生人格的用心构建。第三位种子教师林美华针对研发卓越课程进行了一次精彩的分享：从机器编程到创意手工，从篮球足球到南音舞蹈，一门门独具匠心的课程，是师生生命成长的历程，也是创造卓越人生的新起点。

## 第二节 打造"善学"师才

学校始终坚持把人才作为第一资源，深入实施人才强校战略，加大优秀人才培养力度，建立健全人才梯队培养长效机制，全力打造一支师德高尚、业务精湛、结构合理、充满活力的教师队伍。

### 一、专业阅读

学校以"星星点灯 照亮人生"为办学思想，全学科渗透榜样教育，以"人"育人，点亮童心。东星实小教研室为打造教师学习共同体，构建学校学习型组织，以读书活动为载体，积极为教师搭建交流读书体会的平台。

为提升教师综合素养，培育其高效能习惯，促其自我成长，学校全面推进教师阅读与交流活动，凝聚团队力量，让知性阅读丰富教师知识结构，修炼其职业行为。学校每年定期开展不同主题的读书交流活动，2019 年的主题为"阅读 交流 共享"，2020 年的主题为"我们行走在新教育的路上"，2021 年的主题为"品名家著作 悟教育人生"，2022 年的主题为"博名著智慧 雅双减阅读"。读书交流活动展示了教师的读书成果，达到了交流共享、互促共进的目的，帮助教师开阔视野、增长见识，启迪了智慧，懂得了生活，学会了工作，也进一步提高了教师的综合素质，促进了教师的专业成长。

高素质的师资队伍需要不断地学习先进的教学理念与教学技能，才能持续成长进步。为加快提升教师队伍整体素质的步伐，提升教师阅读思维能力及高效记忆力，东星实小语文教研组开展了高效阅读专项培训活动。在 2023 年 4 月 23 日世界读书日之际，学校邀请 11 位教师同大家一起分享好书，在读书交流中启迪智慧。薛丽蓉老师的"初读《老子名言》心得"、李燕华老师的"我心中的苏东坡——读《苏东坡传》有感"、杜幼莲老师的"有些思念，只有笔尖懂得——观《书简阅中国》有感"等，字里行间品深春，阅读阅已意浓浓，营造了浓浓的书香校园氛围。

## 二、推进骨干教师队伍建设

按照政治思想好、专业基础知识扎实、教育教学管理能力强、立志献身教育事业的标准，学校培养一批专业的学科带头人，重言传身教培养新人，并激励他们在所学的学科方面进行深入研究，不断积累经验，提高专业知识水平。师资队伍是专业发展的根本。学校进一步整合师资队伍，合理调整师资队伍结构，坚持正向激励，初高中浮动，形成"能上能下"用人机制，教师队伍活力逐步激发。

东星实小推进骨干教师队伍建设举措如下：

一是加强师资培训。定期组织骨干教师参加各类教育培训，提高教师的教育教学水平和综合素质。

二是优化教师队伍结构。通过招聘、选拔、培养等方式，优化教师队伍结构，使骨干教师在各个学科领域都有所分布。

三是建立激励机制。设立各类奖励和荣誉，对在教育教学、科研创新等方面取得突出成绩的骨干教师给予表彰和奖励。

四是加强教师交流与合作。鼓励骨干教师之间的交流与合作，共享优质教育资源，促进教育教学改革与发展。

五是营造良好的教育环境。为骨干教师提供良好的工作环境和条件，使他们能够全身心投入到教育教学工作中。

六是加强科研支持。为骨干教师提供科研经费、设备等支持，鼓励他们开展教育教学研究，提高教育教学质量。

七是建立健全评价机制。建立科学、公正、客观的骨干教师评价机制，对骨干教师的工作进行全面、客观评价，激发他们的工作积极性和创造性。

八是加强政策引导。制定有利于骨干教师队伍建设的政策措施，为骨干教师的发展提供有力保障。

九是强化社会责任感。加强对骨干教师的思想政治教育，增强他们的社会责任感和使命感，使他们始终保持敬业精神。

## 三、构建队伍成长激励机制

为了逐步激发教师队伍活力，学校积极探索构建队伍成长激励机制：搭建教师成长平台，坚持"扶上马"再"送一程"，建立合作竞争机制，推动教师队伍不断优化；实施绩效工资，形成注重工作态度、工作量、工作实绩、团队精神以及追求卓越、拒绝平庸的激励机制；积极开展对外交流活动，发挥示范辐射领航作用。同时，借助丰泽区教师进修学校教研平台和力量，进一步推进教研组、备课组的科研实效性；深化"手拉手"活动，充分发挥示范辐射作用，通过领航校长工作坊、名师工作室等开展教研交流或"手拉手"帮扶活动，实现教学理念和方法、优势教学资源的共享，从而在教育发展的道路上实现学校间的双赢互惠、共同成长。

2023年2月，怀着教育向往，笔者开启了有期待、有感触、有收获、有深思的跟岗学习活动。本次跟岗学习与往日不同，更加注重青年教师如何迅速成长的问题，注重观察泉州师范学院附属小学对青年教师的指导经验及成长途径的观察与思考，从而架构一座让东星实小青年教师学习与提升的桥梁。一个月的时间，我们每周参加观摩泉州师范学院附属小学的行政例会，从其每周精彩纷呈的"周历表"中精选适切东星实小教研团队、备课小组学习的活动，选派优秀青年教师一起赴该校沉浸式体验名优学校成熟的课堂文化、教研氛围和精彩的师训活动。在此次"沉浸式"跟岗学习中，笔者不仅全方位了解泉州师范学院附属小学在日常管理、教育教学、教研活动等方面的优秀做法，更是带着团队、带着老师一起融入学习中，推动东星实小科学发展，引领教师专业成长。

## 四、建立教师成长档案

学校按照胜任本职工作、专业素养不断提升、教育教学质量不断进步的标准，建立全校教师成长档案，帮助新教师定位个人发展目标，明确成长方向。每位教师都要制定个人专业成长3年规划，力求触动每位教师专业成长的神经。

学校为每位教师制定个人专业成长3年规划——"一年合格、二年胜任、三年成熟"，以教师专业发展的实际需求为导向，以学生的发展和教师的专业化成长为宗旨，以学校教育教学面临的实际问题，特别是以解决课堂教学实践中存在的问题为出发点，以提高教育教学质量和学校的可持续发展为目的，着眼于教师队伍综合素质、专业水平的提高，立足校本，面向学生，聚焦课堂，多向反思，特色发展。同时，完善以校为本的教学研究机制，加快教师个人的专业成长，提升学校办学的理念与品位，为师生全面而具个性的发展搭建良好的平台。

图33　东星实小教师个人成长档案

## 第三节　锻造"善思"师艺

教师的发展是学校发展的根本保证，是学校可持续性发展的动力。学校以培养教师优秀的教学能力为目标，采用"请进来"与"走出去"相结合的方式，加大优秀人才培养力度，建立健全人才梯队培养长效机制。

### 一、校本研训多样化

加强对教师继续教育培训的管理，强化教研组、集备组的作用，构建学校—教研组—集备组三级联动，有效开展校本培训、网络教研，提高教师业务水平。学校在校内推行推门听课、举办说题比赛、打磨各级各类公开课等，形成"人人想专业成长、人人能专业成长"的良好氛围。此外，学校继续开展线上线下双模式集体备课，以年段组为单位，期初分工，由备课组长负责，以个人详备教案，每个学科在教研日集体研磨，而后教师结合班级实情进行个性施教，之后进行专题反思、课后反思；集体备课以大单元备课，结合各类教学资源，优势互补，根据班级实情进行探讨备课，形成教学合力，提高教学教研水平。

东星实小的校本研训是多样化的。除了常规的单周大教研、双周小教研、每学期初开展新教师见面课、每学期中开展各学科的推门课，还有各个学科的新课标研读。例如，2023 年 3 月 6 日下午，东星实小开展了"再研新课标　助力好课堂"主题校部研训活动。2023 年 11 月 24 日，为了进一步落实新课标理念，促进丰泽区美术教师专业成长，丰泽区与福州市联合举行省级立项课题"基于项目式学习的小学美术校本课程开发与实践研究""中小学校本美术课程的开发与应用的研究"联合研讨暨小学美术教师研训活动。为了深入领会和准确把握 2022

年新课程标准的精神实质及主要变化,更好地把新课程标准的教育理念和基本要求落到实处,为教师扎实的教育教学赋能,2023年4月14日下午,学校主语特别邀请泉州师范学院小学教育系主任、国家一流专业建设点泉州师范学院小学教育专业负责人李尚生开展指导教学活动,等等。

## 二、优化教师培养策略

结合市级各类业务比赛,学校开展形式多样的岗位练兵,进一步提炼教师专业发展策略,加大不同层次教师培养力度,依托骨干,分层培养,激发教师在知识、能力和思维方式等方面的内在自我发展需求,学校对青年教师开展基于个性需求、注重实效提升的培养,尤其是提升其现场教学设计能力、信息化技术手段运用能力、测试题命制能力以及个人综合技能。

为了落实"双减"政策,提高课堂教学质量,促进教师专业成长,在学校教务处、教研室引领下,2022年10月19日上午,语文教研组在书法室顺利开展了语文教师板书设计大赛活动。本次比赛以年级为单位,分为三个环节(环节一是设计板书,环节二是进行理念阐述,环节三是评委评分),由教研组统一规定内容,现场公布课题,限定时间完成。中国是诗歌的国度,诗词离我们并不遥远。学校在新教育的引领下,一直在探索结合诗教的榜样育人道路。2022年9月,杜幼莲、黄蕾蕾、李伟宏三位教师参加第四届"诗教中国"诗词讲解大赛全国决赛,并在同年10月获全国二等奖的佳绩。2023年10月,蔡春英、周紫薇两位老师通过了线上诗词测试、书评原创、诗词微课录制的综合比拼,在初赛、复赛、半决赛中一路过关斩将,脱颖而出,凭借深厚的专业基本功、精湛的教学技艺,最终荣获"诗教中国"诗词讲解大赛小学教师组全国优秀奖。为了交流丰泽区小学统编教材《道德与法治》课程的实施经验,促进学科执教教师对2022年版新课标的学习和研究,提升执教教师的教育教学能力,展示参评教师的教育智慧,2022年11月10日,学校承办了2022年丰泽区小学《道德与法治》

片段教学比赛，蔡素真老师荣获一等奖。经过多年培养，学校教师在各级各类比赛中屡获佳绩，获丰泽区教坛新秀称号、2023年丰泽区中小学作业设计比赛一等奖、丰泽区小学道德与法治学科教师命题能力比赛一等奖、2020年丰泽区小学《综合实践活动教师》片段教学及观评课比赛一等奖等。

## 三、强化教学过程管理

学校立足全学科质量观，加强对课堂教学、学科评价、课程探索和综合评价等方面研究，聚焦课堂，扎实推进日常教学研究，打造东星新教育"理想课堂"文化，形成科学的教学管理和评价制度，促进学校高质量发展。

在"五育并举，点亮童心"的办学思想的指导下，学校打造了"四力五育"的星光课程体系。该体系包含了培养目标、星光课程框架、"传—学—研—创"的"读写绘"+"劳创能"教学教研范式，以及评价体系。（见图34）

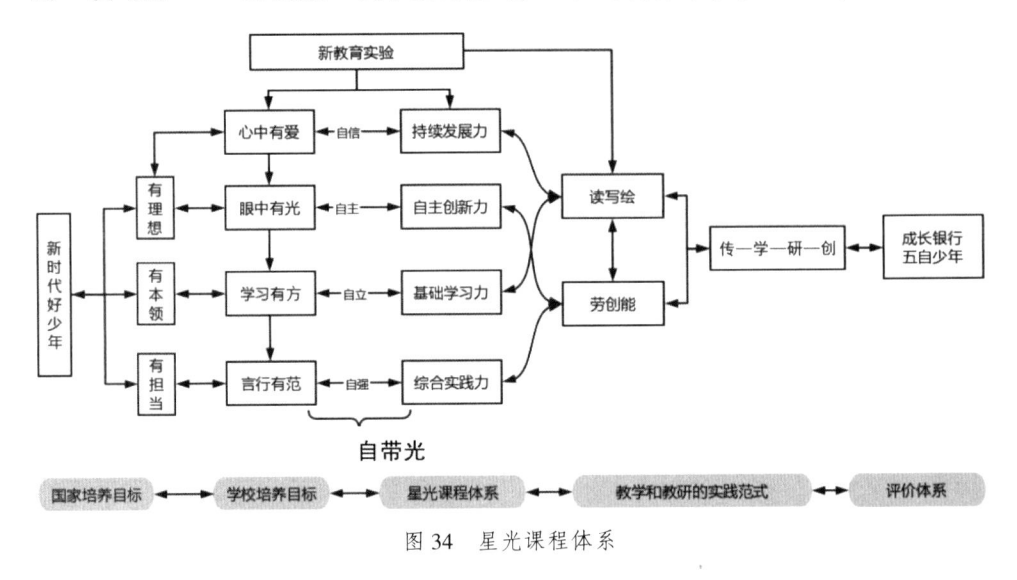

图34 星光课程体系

## 四、完善教研训一体机制

学校统筹规划、整体推进综合性课题、校本研究课题和名师工作室的工作，以日常实践推动教研、科研、培训同步发展，营造浓厚的校本研训氛围，深化课题研究成果，促进教科研工作不断创新、不断发展，助力教学质量稳步提升。

当前，学校正在进行的省级课题有"小学全科渗透榜样教育实践研究""新课标视野下诗教课堂榜样育人实践研究"；市级课题有"构建'浸润、体验、绽放'三段式诗意课堂的实践研究""基于学生核心素养的学校特色课程体系建构的实践研究"，区级课题有"小学生阅读教学课内外衔接策略研究""小学阅读教学中渗透写作训练的策略研究"。

## 五、紧扣时代发展，理论与实操相结合，助力教师专业成长

学校紧扣时代发展，坚持理论与实操相结合，助力教师专业成长。语文组、数学组充分发挥"互联网+教育"的作用，开展微课制作培训活动，培训后并举行青年教师线上云阅读、数学教学微课视频评选活动，以此激发教师利用现代化信息技术促进教育教学改革的热情，提升教师专业技能的水平。同时，开展网络读书交流活动，促进教师精神文明建设，构建学习型组织。

2023年10月，学校组织骨干教师参加丰泽区的"5G+专递课堂"教研培训会。"5G+专递课堂"是一种新型的教学模式，可以打破时空限制，让城乡中小学常态化"同上一堂课"，实现共同备课、共同教研、互动交流，建立联盟学校的教育发展共同体。实施"5G+专递课堂"的主要目的是推动教育优质均衡，让每个学生享有更加公平、更有质量的基础教育。"5G+专递课堂"的核心是创设全新教研载体，探索新型的教研方式，构建紧密型教学研究共同体，促进教师专业成长。

2023年10月，为提升教师信息技术应用能力，提升学习效率，增强学习的交互性、趣味性，促进教学方法和教学方式的转变，学校开展了希沃交互智能平板及教学应用培训。通过培训，教师进一步掌握了希沃白板的功能及使用方法，并把学到的信息技术知识更好地应用于自己的教学实践中，不断优化自己的教学方式、方法，构建高效课堂。

2022年5月，为了更好地推进教师信息技术应用能力提升工程2.0的研修工作，学校组织领导团队成员与指导团队成员参加丰泽区中小学教师信息技术应用能力提升工程2.0启动仪式暨区校两级管理指导团队培训会。

新冠肺炎疫情时期，学校开启了线上教学模式，采用"系统+综合""集体+个人"教学形式，筛选优质学习资源，满足非常时期的学习需求，及时引导学生在自主学习基础上，进行适当线上教学或辅导。各年级、各学科的教师制定线上教学计划，根据不同学科特点和学段学情，依据"一学科一案""一年级一策"的原则，讨论并设计适合学生的学习内容，着重对在线指导和辅导学生的方式方法进行集体备课、制作微课等，通过云课堂、网络、微课、微信、QQ群等渠道与学生和家长保持联络，借助"互联网+教育"进行在线指导、答疑解惑、作业点评、学习交流，让家校合力，多方联手，营造"人人皆学、处处能学、时时可学"的浓厚氛围。

## 第四节　赋能"善省"师能

研究的本质是反思，写作的本质是教研的反思。教育科研能力的加强，是教师趋向成熟的阶梯。学校注重教科研，依托福建省教育科学研究所授予的"科研协同创新基地"，逐步推进教师教科研工作。

## 一、提升教师研究能力

学校进一步加强省义务教育达标校各项创建标准项目，进一步推进新教育实验中的"研发卓越课程"和"构筑理想课堂"，以"优秀学科"建设为抓手，积极引导学科骨干教师以团队协作方式开展教学研究，推动学科优秀教师组团式发展，提高教师研究能力，为教育质量的再提升奠定人才基础。

## 二、以课题促科研，以科研促发展

"教而不研则浅，研而不教则空。"抓住了课题研究，就是抓住了教学质量。学校持续开展课题研究，推进领航校长工作坊，主持开展"点亮童心"师生阅读行动实践研究辐射广，带动一批优秀的年轻校长及骨干教师成长。

## 三、鼓励教师积极撰写和发表论文

学校通过推进制定《学校 CN 论文等教育教学成果发表奖励方案》等方式，引领教师树立专业化发展意识，充分张扬教师在自主发展中的成果，以科学发展观提升教师专业化发展水平，营造学校和谐文化氛围。

表9 丰泽区东星实验小学构建四维五育星光课程体系相关论文发表情况

| 序号 | 时间 | 成果名称 | 奖项名称 | 发表等级 |
| --- | --- | --- | --- | --- |
| 1 | 2021.4 | 张桂英撰写的《让我们一起成为红书的领读者》发表于《语文课内外》 | 论文 | CN |
| 2 | 2019.12 | 庄松辉撰写的《基于明礼诚信分层德育的体系建构及实施》发表于《考试周刊》 | 论文 | CN |

续表

| 序号 | 时间 | 成果名称 | 奖项名称 | 发表等级 |
|---|---|---|---|---|
| 3 | 2018.5 | 庄松辉撰写的《用评价量表引领学生议论文写作——以对立统一的辩证分析写作小节为例》发表于《长春教育学院学报》 | 论文 | CN |
| 4 | 2014.3 | 庄松辉撰写的《高中语文比较阅读例谈》发表于《福建教育学院学报》 | 论文 | CN |
| 5 | 2018.5 | 杨晓惠撰写的《小学语文课堂言语评价的问题剖析与对策建议》发表于《考试周刊》 | 论文 | CN |
| 6 | 2018.6 | 杨晓惠撰写的《实施多元评价 构建和谐课堂》发表于《基础教育参考》 | 论文 | CN |
| 7 | 2019.12 | 蔡春英撰写的《"走心"的写作教学研究》发表于《读与写》 | 论文 | CN |
| 8 | 2020.05 | 蔡春英撰写的《古诗在小学记叙文习作中的运用》发表于《国家通用语言文字教学与研究》 | 论文 | CN |
| 9 | 2021.10 | 蔡春英撰写的《小学阅读教学中汉字字义解读能力的研究》发表于《考试周刊》 | 论文 | CN |
| 10 | 2018.5 | 张婷婷撰写的《浅谈趣味教学法在小学语文教学中的有效运用》 | 论文 | CN |
| 11 | 2020.5 | 张婷婷撰写的《巧挖文本语言训练点，培养学生语言素养》 | 论文 | CN |
| 12 | 2020.10 | 张婷婷撰写的《以"课文"之石，攻"写作"之玉》发表于《国家通用语言文字教学与研究》 | 论文 | CN |
| 13 | 2020.12 | 蔡凌芳撰写的《小学课内外阅读衔接策略研究》发表于《课程教育研究》 | 论文 | CN |
| 14 | 2023.5 | 蔡凌芳撰写的《小学阅读教学中渗透写作训练的策略研究》发表于《试题与研究》 | 论文 | CN |
| 15 | 2017.6 | 张桂英撰写的《我的教学主张：重视语感培养》发表于《做一名有思想的教师——泉州名师教学思考与主张》 | 专著 | |

纸上得来终觉浅，绝知此事要躬行。"双减"工作的贯彻和落地，需要教师在日常的工作中一步一步地研究和实践。在"双减"工作中提升学校的办学品

质，离不开这两年的新教育实践研究，更离不开学校的教科研工作。教师队伍团结努力，结缘新教育，问道名校名师，开启十项行动研究，启动点灯计划，架构智慧桥梁，开展初小衔接，借力成长。学校举行教育论坛，定期开展强校学习活动，借助领航团队邀请全国知名校长入校培训，促进教师的成长。

著名教育家、华东师范大学教授叶澜说："我不赞成简单地提'教师专业发展'，教师不仅仅要专业发展，更要全人发展。"于是，学校组织教师参加各类志愿爱心活动，砺志修身；提倡教师练习书法，书香墨气；让教师品茗闻香，提高生活品位；鼓励教师锻炼卓越口才、学习摄影艺术，用生动的画面记录生活，宣讲东星的教育故事，提升形象气质……

朱永新教授说："人，才是所有教育教学的出发点和归宿；人，孕育着也呈现着这一切。让师生过一种幸福完整的教育生活，才是新教育实验理想课堂的终极追求。"在"双减"政策下，学校更加聚焦创造良好教科研生态，更加注重发挥教师积极性，提升科研工作质量。学校通过"缔造完美教室"，关注教室里的每一个学生和每一个角落，让每个学生成为教室的主人，每个学生的潜都能得到最大实现。学校用"晨诵　午读　暮省"，让孩子回归朴素而美好的生活方式。

学校积极"构筑理想课堂"，干部上领雁课、新教师上见面课、老年教师上情怀课；在薄弱学科开展课例研讨，在难点处展开讨论和培训；用新教育理想课堂的三重境界和六个维度，让大家学会观察课堂、理解课堂、"构筑理想课堂"。

学校创办教师写作营，开展"师生共写随笔"，提倡共读、共写、共生活。学校用心"研发卓越课程"，助力学校延时服务，架构起完整的课程框架，教科研工作也结出最初的果实。学校成为泉州市首家挂牌"新教育实验学校"的公办小学，"榜样育人　点亮童心"的办学思想初见成效，深受各方点赞好评。

新时期，东星实小用新教育实验行动，着力改变教师的工作方式，改变学生的生存状态，进而改变学校的发展模式、教育科研范式和家庭教育生态，最终推进学校高质量发展。这便是"双减"政策下的是"东星表达"。

# 第八章　星汉灿烂，若出其里——星光校园

校园美育环境建设，是校园文化建设整体的一部分，是拓展丰富学校文化内涵、提升学校办学品位、营造良好育人环境的重要举措。为了实现立德树人的根本任务，学校积极营造"自信"和"相信"氛围的校园环境，以景育人——学生朝气勃勃，相信自己，进而充满自信之美，最后成为"心中有爱、眼中有光、言行有范、学习有方的星光好少年"。

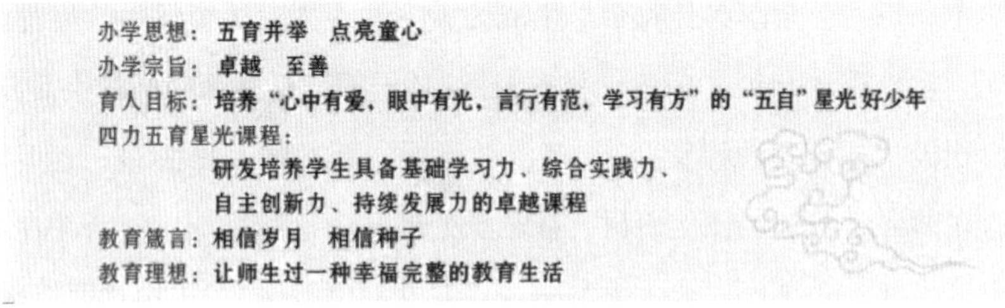

办学思想：五育并举　点亮童心
办学宗旨：卓越　至善
育人目标：培养"心中有爱，眼中有光，言行有范，学习有方"的"五自"星光好少年
四力五育星光课程：
　　研发培养学生具备基础学习力、综合实践力、
　　自主创新力、持续发展力的卓越课程
教育箴言：相信岁月　相信种子
教育理想：让师生过一种幸福完整的教育生活

图35　星光校园的整体架构

## 第一节　星光校园的整体架构

星光校园是充满活力和自信的校园，这里旨在为学生和教师打造一个积极向上、充满阳光的学习环境。

## 一、星光校园的架构理念

### (一) 培养自信

星光校园十分注重培养学生的自信心,努力为学生创造一个接纳、积极和支持的学习环境。在这样的环境中,教师时刻关注着每一个学生,鼓励他们积极参与课堂活动,并对他们的表现及时给予肯定和鼓励,从而让学生逐渐建立对自己的信心,认识自己的能力和价值。

### (二) 倡导积极向上

星光校园倡导师生以乐观、积极的心态面对学习和生活。在这里,师生们始终保持积极向上的态度,不断努力追求进步,以实现自我提升和突破。这种积极的态度,不仅贯穿于他们的日常学习和生活中,而且将成为他们成长道路上的坚定信念。面对挑战和困难时,师生们以积极向上的态度,坚信只要努力、坚持,就一定能够克服困难,实现目标。这也让他们变得更加从容、自信。

### (三) 注重多元发展

星光校园关注学生的多元化发展,提供多种形式的课程和活动,满足不同学生的兴趣和需求。学校为学生提供了丰富多彩的课程和活动,涵盖了艺术、体育、科学等多个领域,让学生有机会探索自己的兴趣和潜力。通过参与各种课程和活动,学生不仅能够学到实用的知识和技能,还能够培养自己的创造力和想象力。他们可以在艺术课程中发挥自己的审美能力和创造力,在体育课程中锻炼自己的体魄和团队协作能力,在科学课程中培养自己的逻辑思维和问题解决能力。在学校里,学生还可以参加各种竞赛,如学术竞赛、文艺比赛、体育比赛等。这些活动可以锻炼学生的竞争力和自信心,同时为他们未来的职业生涯打下基础。

### (四) 弘扬正能量

星光校园注重弘扬正能量,鼓励师生之间传递积极向上的信息和榜样。在这里,学生相互鼓励、互相帮助、共同进步;教师则以身作则,用自己的行动去影响和激励学生。这种积极向上的校园文化，让学生更加自信、更加坚定地追求自己的梦想。

## 二、星光校园的架构框架

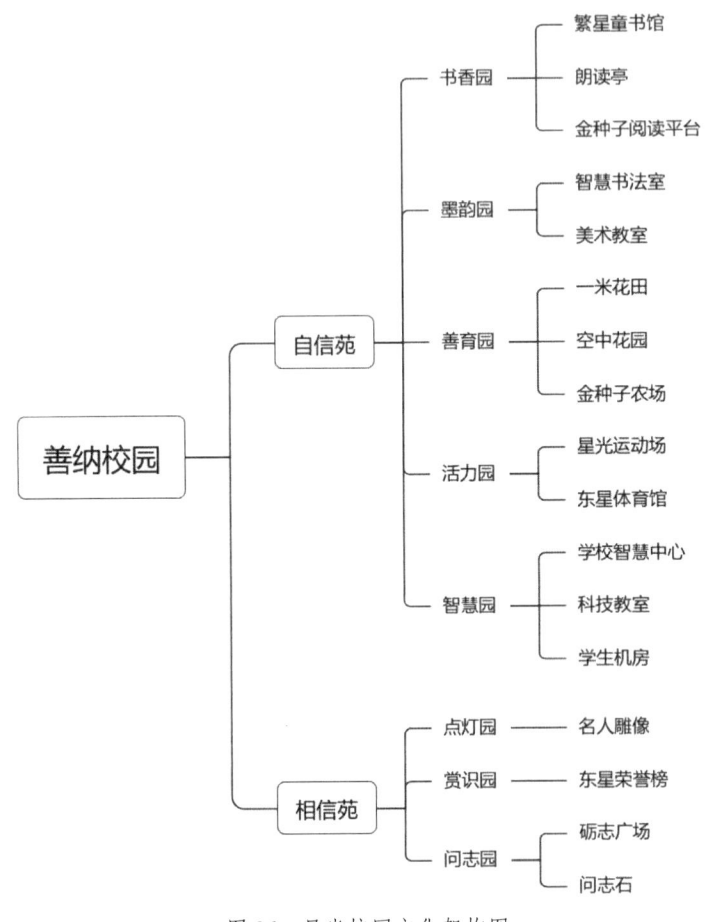

```
                    ┌─ 书香园 ─┬─ 繁星童书馆
                    │          ├─ 朗读亭
                    │          └─ 金种子阅读平台
                    │
                    ├─ 墨韵园 ─┬─ 智慧书法室
                    │          └─ 美术教室
                    │
         ┌─ 自信苑 ─┼─ 善育园 ─┬─ 一米花田
         │          │          ├─ 空中花园
         │          │          └─ 金种子农场
         │          │
         │          ├─ 活力园 ─┬─ 星光运动场
         │          │          └─ 东星体育馆
善纳校园 ─┤          │
         │          └─ 智慧园 ─┬─ 学校智慧中心
         │                     ├─ 科技教室
         │                     └─ 学生机房
         │
         │          ┌─ 点灯园 ─── 名人雕像
         │          │
         └─ 相信苑 ─┼─ 赏识园 ─── 东星荣誉榜
                    │
                    └─ 问志园 ─┬─ 砺志广场
                               └─ 问志石
```

图 36　星光校园文化架构图

星光校园文化架构（见图 36）包含自信苑和相信苑。首先，自信苑包含书香园、墨韵园、善育园、活力园和智慧园，每个区域都有其特定的功能和目标。本苑区对学生的成长和发展具有极其重要的意义，不仅可以帮助学生增强自信心，提高自我认知和自我意识，还能让他们更好地应对挑战和困难，提高学习效率。这个苑区基本上包含了学校的各个功能教室与运动场馆，学校依托这些功能教室与运动场馆开展丰富多彩的课外延时服务课程与各种校园竞赛活动。这些课程与竞赛让学生有机会挖掘自己的兴趣和特长，也让学生学会如何与他人沟通交流、如何进行团队合作，从而培养独立性和自主性，在实践中体验成功的喜悦，增强自信心。其次，相信苑包含点灯园、赏识园和问志园，每个区域都有其特定的功能和目标。作为家长和教师，我们应该坚定地相信孩子；作为学校的行政领导，我们也要坚定地相信我们的教职员工。这种信任和支持会激发他们的潜能，促进他们的身心健康和全面发展。同时，我们应该给予师生员工们适当的挑战，帮助他们成长为有自信、有责任感、有创造力的未来人才。

综上，星光校园的构建理念和整体架构，旨在为学生和教师提供一个充满积极能量、培养自信和发展多元化的学习环境。通过各种区域和活动的设计，鼓励学生积极参与、探索自我、发挥潜力、追求卓越。同时，星光校园注重传递正能量，培养积极向上的态度，弘扬中华优秀传统文化和社会主义核心价值观，增强学生的文化自信和民族自豪感。这些价值观和文化的传承对于学生的成长和发展具有重要意义，可以帮助学生更好地融入社会，成为具有社会责任感和担当精神的公民。

## 第二节　星光校园的园区概述

星光校园，一座寓意深刻的现代学校校园，以其独特的设计理念和丰富的内涵，成为泉州市丰泽区教育事业的一颗璀璨明珠。校园园区环境优美，包含多个主题园区，旨在为师生提供一个充满活力、富有人文气息的学习和工作环境。整个星光校园园区的设计理念是培养有自信、有责任感、有创造力的未来人才。园区内的各个园区相互配合，共同营造出一个充满活力、富有内涵的教育环境，让师生在这里茁壮成长，实现自我价值。

# 一、自信苑

自信苑包含书香园、墨韵园、善育园、活力园、智慧园，让师生气自华，充满自信。

## （一）书香园与墨韵园

书香园、墨韵园建设以"书香墨气　砺志修身"为主题，以"读好书　写好字　做好人"主题活动为突破口，以丰富多彩的读书活动、书法比赛为载体，以读书长知识，以读书增智慧，以读书促养成，以读书树理想，以读书育人格，形成"以书育人、以书传文、以文化人"的育人氛围，培养师生浓厚的阅读兴趣、良好的书写习惯和高尚的道德情操，提升教师高雅的审美情趣，促进优良学风和校风的发展，着力打造书香盎然、墨气飘香的高品质校园。

通过建设浓郁的阅读氛围、整合丰富的阅读资源、开展丰富多彩的读书活动，让阅读成为全校师生最日常的生活方式，进而推动书香校园的形成。新教育认为，一个人的成长发育史，就是一个人的阅读史；一个民族的精神境界，在很大程度上取决于这个民族的阅读水平。阅读是教育的最重要的活动，新教育将"营造书香校园"列于"十大行动"之首，并细化为若干具体的子项目，有效地解决了不同年级、性格与性别的学生该读什么和不同水平与学科的教师怎么读的问题。

东星人深知书籍是宝贵的精神财富，是人类进步的阶梯；而汉字和以汉字为载体的中国书法是中华民族的文化瑰宝，是人类文明的宝贵财富。学校为了弘扬民族传统，传承国学经典文化，涵养具有深厚文化内涵的一代新人，树立学生正确的世界观、人生观、价值观，坚持把弘扬民族精神教育与现代公民素质培养有机整合，营造浓郁的书香氛围，让学生与经典为友、与好书同行、与书法大师对话；在师生中形成以先贤为楷模、勤勉学习、奋发有为、立志成才的思想；形成"人人爱读书　人人会书法"的书香墨气盎然的校园文化氛围，也为整体推动学校素质教育、提高学生综合素质和人文素养打下坚实基础；探索读写教育多元化和谐育人的途径、方法，促进学校德智体美劳有机融合，培养学生良好读写习惯，发展素质教育，提高审美和人文素养，提升学校办学质量，深化学校文化建设。

### (二) 活力园

活力园包含星光运动场与东星体育馆两个部分。其中，星光运动场配有250米环形塑胶跑道、2个5人制足球场、3个标准篮球场；东星体育馆内配有1个室内篮球场、1个室内羽毛球场、1个室内排球场。

活力园是一个充满生机与活力的园地，为学生提供了展现自我、追求梦想的舞台。在这个温馨而充满活力的园地里，学生可以感受到运动的热情，激发自我潜能，挑战极限，实现自我价值。活力园的拓展训练活动丰富多彩，不仅锻炼了学生的体能，更提升了学生的团队协作能力和自信心。在这里，学生能够尽情奔跑、挥洒汗水，体验挑战与成功的喜悦。每一次的尝试与突破，都能让学生在挑战中成长，收获宝贵的经验。在活力园里，学生能够感受到集体的力量和温暖。他们相互支持、鼓励和陪伴，共同成长、共同进步。这里充满了欢声笑语和温馨的氛围，让每位学生都能感受到家的温暖。活力园还是一个充满活力和创造力的地方，不仅为学生提供了展现自我、锻炼能力、结交朋友、拓宽视野的机会和平台，还致力于营造一个积极向上的校园文化氛围。在这里，学生可以不断地挑战自己、超越自己，实现自己的梦想与追求。同时，活力园也是培养学生的综合素质和社会责任感的重要场所，让他们在未来的生活和学习中更加自信、充满活力。

### (三) 善育园

善育园是学校最大的特色园地，包含"一米花田""空中花园""金种子农场"三大部分，既可以培养学生自信的气质，又是劳动教育良好的基地（金种子农场)。

"一米花田"与"空中花园"是充满绿色生态和环保意识的校园创新项目，不仅为孩子们提供了亲近自然、体验种植乐趣的平台，还通过培养孩子们的审美情趣和创造力，促进他们的个性发展。学校每个班级都可以在"一米花田"与"空中花园"中拥有一个属于本班的私人花园，通过亲自参与创意、设计、播种、维护、收获、分享等一系列过程，孩子们不仅可以学习到种植知识和技能，还感受到了劳动的艰辛与乐趣。同时，通过与自然的亲密接触，孩子们的身心健康和人际交往能力也得到了提升。此外，"一米花田"与"空中花园"建设还为校园增添了一份自然意趣和生命力。绿意盎然的花园与教学楼相互映衬，让整个校园更加美丽、和谐。在这里，孩子们可以感受大自然的魅力和生命的活力，从而激发对生活的热爱和对未来的憧憬。

"金种子农场"不仅有利于拓展学生的知识面，培养他们的动手能力和自我生活能力，更有助于传播和传承农业文化。在这个过程中，学生可以了解基本的农业生活知识，改善"四体不勤，五谷不分"的现状，并形成和丰富自己的生活认识。同时，农场劳动课程也是培养学生健全人格的重要途径。在农场活动中，学生通过共同合作、相互帮助，学会珍惜他人的劳动成果，养成节约的意识。这种经历有助于学生养成合作精神和主体意识，促进孩子人格的和谐发展。此外，学生在"金种子农场"中活动，还有助于缓解学习压力。在这个充满竞争和压力的时代，学生需要有一个放松身心的场所。校园农场为他们提供了一个机会，让他们可以放下繁重的学业，感受大自然的魅力，享受农耕文明的乐趣。

**(四) 智慧园**

智慧园是东星实小全面推进信息化管理的核心园区。在这个信息爆炸的时代，学校不再仅仅是传授知识的地方，更是培养未来社会人才的摇篮。为了更好地满足教育现代化的需求，学校需要全面推行信息化管理，以提升办学质量和教育水平。

学校致力于完善校园微信公众号与视频号，更新添置办公设备，加强软件建设，丰富改进学校微信公众号与视频号并定期更新。学校的微信公众号与视频号内容丰富，具有自身特色，并为广大师生提供了便捷的网络服务。学校还通过信息化的手段，积累校内教学资源、学校活动过程性材料，并进行便捷化管理。例如，采购校园云盘上传和共享教学资料、课件、活动图片等资源，方便教师随时随地获取教学资源，不仅提高了教学资源的利用率，而且为教师提供了更加便捷的工作方式。为了更好地适应信息化管理的要求，学校大力培养教师的信息化素养，通过培训、学习等方式，让教师掌握现代信息技术手段和工具，并督促其应用到教学和管理中。这不仅提高了教师的教学水平，而且为学校的信息化管理提供了有力的人才保障。在推行信息化管理的同时，学校十分重视网络安全管理，制定并实施网络安全策略和规定，培训网络安全人才，定期进行网络安全检查和风险评估等。这些措施有力地保障了网络安全，为信息化管理的顺利实施提供坚实保障。

## 二、相信苑

相信苑包含点灯园、赏识园、问志园，助力培养有自信、有责任感、有创造力的未来人才。

### （一）点灯园

点灯园里有10位名人雕塑，都是来自旧校区的传承，不仅是历史的记忆，更是文化的瑰宝。它们的存在，犹如智慧的明灯，照亮孩子们成长的道路，激发他们对知识的渴望、对未来的向往。这些名人是我国历史长河中的璀璨明星，他们的智慧与力量，犹如璀璨的繁星，照亮了人类文明的天空。这些名人雕像是学校的珍贵财富，诉说着学校的历史和文化底蕴，展示了学校对人才培养的期望和重视。它们不仅具有纪念和展示的价值，更能够启迪学生的思想，引领他们成长。在这里，学生可以与这些名人"对话"，感受他们的智慧和魅力，汲取前人的经验，为自己的未来铺路。这些雕像，是一份无声的誓言，见证着学生对知识的追求和对未来的承诺；也是学生的精神支柱，是他们追求真理、勇于探索的象征。在这里，学生可以与历史对话、与名人同行，感受学校的关怀与期望，更加热爱校园生活，为自己的未来奋斗。

(二) 赏识园

赏识园是对学校师生进行榜样公告的地方，是优秀师生的至高荣誉，犹如一座照亮着全体师生员工前行的明灯。荣誉榜不仅仅是一份荣誉，更是一份责任和使命。它提醒着全体东星人，每一个荣誉的背后都需要付出艰辛的努力和不懈的坚持。在赏识园的激励下，师生们的校园生活变得更加丰富多彩。他们不断开拓创新，勇敢地探索未知的领域，不再局限于传统的思维模式，而是敢于质疑、敢于突破，珍惜每一个来之不易的机会，努力展示自己的才华和潜力。教师积极投身教科研项目研究，完成了很多卓有成效的课题研究，发表了许多具有影响力的学术论文，也在各级各类比赛中取得优异的成绩；学生在各种学科比赛中表现出色，屡获殊荣，不仅为校园争光，还成为每个学生心中的英雄。

赏识园不仅是对师生优异表现的认可和肯定，还具有多方面的积极意义。它能够激励其他学生积极向上，展示学校的教育理念和成果，营造积极向上的校园文化，增强学生的自信心和自尊心。

(三) 问志园

问志园，包含砺志广场和问志石，旨在培养学生的意志力，帮助他们树立正确的人生观和价值观，增强自信心和自我驱动力，以更好地应对学习和生活中的挑战。在教育的世界里，志气是一种宝贵的品质，如同一束光芒，照亮了孩子们未来的道路。首先，它给予了孩子们勇往直前的力量，让他们在面临困难时，始终坚定信念、不屈不挠。其次，它引领孩子们去发现自己的潜能，在追求目标的过程中，努力挑战自己、超越自己。正是这种不断挑战自我的精神，让孩子们在成长的道路上越走越远。再次，它还教会孩子们如何承担责任，让他们明白，只有对自己的未来负责，才能对他人和社会负责。这种责任感和担当精神将伴随他们一生，成为他们成长的强大动力。最后，志气让孩子们学会合作与交流。在追求理想的过程中，他们需要与他人携手共进、相互支持，才能实现共同的目标。这种合作精神和社会交往能力，将使他们在未来的社会中更加游刃有余。

　　学校通过问志园培养孩子们的志气，激发他们的内在动力，促进他们的自我认知和自我发展，培养他们的责任感和担当精神，促进他们的社会化进程，帮助他们树立正确的价值观和人生目标，为他们的未来发展打下坚实的基础。

图 37　校园俯瞰

# 第九章 星星之火，可以燎原——星光管理机制

以"星星点灯　照亮人生"作为学校办学理念，在管理领域打造星光管理品牌，是落实学校办学主张的关键。学校在管理工作中，秉承"善文化"，强调"善于激励"。学校作为管理者，要建构治理体系，打造治理能力，如愿景力、规划力、组织力、流程力、保障力、服务力、防控力、应急力、监督力、关怀力，引领学校全面发展。

## 第一节　建设"善联"党建品牌

"献礼二十大，奋进正当时。"自2018年以来，东星实小践行新教育理念，逐渐凝聚新共识，提炼"善"主题办学文化，以"善于创新"作为学校办学精神，提出"星光校园文化"、"善励"管理文化、"善知"教研文化等文化思路。

学校党支部致力于培养"心中有爱、眼中有光、言行有范、学习有方"的新时代好少年，以"善联"党建品牌作为突破，深入学习党的二十大报告精神，弘扬伟大建党精神，坚持稳中求进的工作总基调，以党建高质量发展引领学校教育高质量发展，善于联合和共育，持续打造"党建引领家庭教育，同心合力共育未来"的"善联"党建品牌，让党建"红到家"，唱响红色家庭教育主旋律。

## 一、"善联"党建项目背景

习近平总书记指出,"家庭是社会的基本细胞,是人生的第一所学校。不论时代发生多大变化,不论生活格局发生多大变化,我们都要重视家庭建设。"党的二十大报告中提出,"加强家庭家教家风建设,加强和改进未成年人思想道德建设。"可见,家庭教育在培养孩子的良好习惯、塑造孩子的性格以及帮助孩子形成良好的人格方面起着重要作用。

而学校的学生家长大多数是外来务工人员,文化程度相对不高,对孩子的品德教育认识不足,不能及时、准确地配合学校引导孩子良好品德的培养。面对这种情况,学校应该怎么做呢?为了解家长和学校的燃眉之急,学校党支部将新教育实验中的"家校合作共育"理念融入支部建设,坚持以"党建引领家庭教育,同心合力共育未来",推动学校"善联"党建工作走深走实。

## 二、"善联"党建的主要内容和特色做法

所谓"善联",即善于联合。要善于联合一切力量,善于学习、建设队伍、构建组织、建设服务平台、开展活动等,为人民服务。

### (一)"党建+组织",建设红色组织

1. 加强组织领导

学校党支部把开展家庭教育服务工作作为党建的重要内容,召开专题会议研究部署,搭建"支部引领、处室配合、家长参与、社区支持"四维家庭教育服务体系,并在学校成立以书记为坊主、党员为坊员的家庭教育指导工作坊。

2. 落实"1155"家校共育模式

学校党支部落实新教育实验中家校合作是最有效的教育的理念,形成了家庭、学校、社区携手共建的"1155"教育特色。即优化一个"家校共育"联盟,

组建家长委员会，指导家庭教育工作；培养一支"敬业乐学"队伍，采用理论学习、校本培训、经验交流等多种方式，打造了一支高素质、精业务、勤奉献的教师队伍；坚持五种"亲密家访"活动，包括登门家访、电话家访、微信家访、视频家访、邀请家长入校互访；开展"五个一"互动活动，包括每个学期召开一次"东星好父母"家长座谈会，每位家长至少参加一次"东星好课堂开放日"活动。实施联班联生制——联系一个年级、一个班级，每个学期开展"亲子同读一本书"活动，每逢节假日坚持"一封信"告知活动。

## （二）"党建+队伍"，打造红色队伍

党建带领家庭教育想要取得实效，关键在于拥有一支思想坚定、专业过硬的队伍。为此，支部着力组建"家校社"共融的红色服务队伍。这支队伍以支部党员教师为主，以热心家庭教育工作的家长、社区工作人员为辅。党支部鼓励党员们考取"家庭教育指导师"证书。目前，学校党支部18名党员中共有11人取得该类证书。

## （三）"党建+学习"，筑牢红色灵魂

为了提高这支红色队伍的家庭教育指导能力，学校组织党员参加线上、线下的家庭指导教师培训，学习内容主要包含习近平总书记关于家庭家教家风的重要论述，以及新教育实验的家庭教育主张、"家校合作共育"的实践探索和典型案例等，并邀请国家二级心理咨询师、泉州市校外未成年人心理健康指导中心特聘讲师施平蓉，面向全体教师开展《小学生心理问题的识别与处理技巧》专题培训讲座。此外，学校党支部还要求党员们发挥头雁效应，对参与家庭教育工作的非党员教师、家长、社区工作人员提供专业化的学习辅导，打造"专精尖"红色服务团队。

## （四）"党建+资源"，培养红色细胞

学校党支部把党的创新理念作为家庭教育学习的重要内容，以习近平新时代中国特色社会主义思想和社会主义核心价值观引领家教家风建设，明确家庭教育重在教孩子如何做人，力争让每个家庭都成为"红色细胞"，构建了党建的服务

对象和单位。

1. 构建红色书香家庭

学校党支部引导家长在阅读中培养学生爱党爱国爱家的情怀、弘扬向上向善的家庭美德，向家长推荐《傅雷家书》等8种红色书籍，并购买《红色家书》赠予部分家长，打造家庭"一间房"。同时，组织开展10余场以"书香润德 相伴成长"为主题的家庭亲子阅读活动，引导家长和学生共读红色经典，将红色细胞传递给学生；开展"最美书香家庭"评选活动，树立榜样，激励家长。2022～2023年，共评选出18个"最美书香家庭"，有力推进红色书香家庭的建设。

2. 开设红色家长课程

学校党支部着力打造家长学校，聘请丰泽区教师进修学校培训处主任黄冬英为家长学校顾问、原东星社区主任林本胜为家长学校名誉校长；并通过线上线下全方位推进红色家长课程，邀请党支部组织杨晓惠书记、张桂英副书记等党员，以及家庭教育指导师郑梅英、国家二级心理咨询师崔影等专家，组织开展《学习二十大，同心育未来》《为了孩子的未来，家长如何当好第一任教师》《解读〈家庭教育促进法〉》《如何做好家庭教育》等10余场家长教育专题课。通过系统培训，巩固家庭教育实效，把家长学校发展成教师、家长、学生共同成长的地方。

3. 开展家庭教育读书会

最是书香能致远，读书学习是改变家长教育观念的根本。学校党支部为了引导家长学习多元的家庭教育知识，掌握科学的家庭教育方法，更好地教育孩子，不定期组织家长围坐在一起开展家庭教育读书交流会。读书交流会把党的创新理论列为必学书目，先引导家长学习习近平总书记的重要讲话精神并进行交流；接着结合交流会主题依次朗读选定的内容，并让家长结合书中某句话或某段内容谈自己的感悟。在读书交流中，教师和家长共读了《正面管教》《不输在家庭教育上》等书，不仅更新了家长的教育理念，也为他们提供了许多解决孩子教育问题的方法。

4. 搭建亲子劳动实践平台

学校党支部组织 50 多个家庭到学校劳动基地——"金种子农场"参加劳动实践，开展多场种植蔬菜、采摘蔬菜、义卖蔬菜的亲子劳动实践，帮助家长通过亲子劳动实践平台引导学生养成良好的劳动习惯，在劳动中渗透品德教育。

**(五)"党建+活动"，推进红色服务**

1. 开展"支部联动"活动

学校党支部与丰泽区东星社区党支部共推家庭教育服务工作，由东星社区党支部组织搭建平台，学校党支部选派党员，前往社区开展以《怎样做合格家长》《培养好习惯，成就孩子一生》等为主要内容的家庭教育公益讲座。同时，学校党支部扩大服务范围，与泉州广播电视台第二党支部一同前往德化雷峰镇，就如何陪伴孩子、如何教育孩子等问题，为当地村民带来一场家庭教育指导，并与雷锋镇合作共建"家庭教育指导中心"。

2. 开展以家庭教育服务为主题的党日活动

学校组织全体党员和家庭教育工作经验丰富的教师深入社区，宣讲《家庭教育促进法》，发放倡议书，走访特殊家庭，等等。学校党支部在学校设置家长接待日，由党员带头为家长答疑解惑。

3. 举行家庭教育指导讲座

专家的引领，是促进家长学习亲子沟通的有效方法。为此，学校党支部定期举行家庭教育指导讲座，为家长提供专业性家庭教育指导服务。从 2023 年起，学校党支部共举行了十余场线下家庭教育指导讲座，邀请《不输在家庭教育上》等 50 部家庭教育著作的作者石宣和丰泽区家庭教育讲师团为学校的家庭教育指导师和家长提供专业指导。

## 三、"善联"党建的成效反响

**(一) 党支部的服务效能大幅提升**

学校党支部辐射带动社会爱心人士，积极投身家庭教育指导工作，形成了新时代家庭教育的风景线，赢得社会各界的广泛赞誉。学校党支部成为中共泉州广播电视台第二支部委员会近邻党建共建单位，先后被评为"泉州市家庭教育特色学校""2022—2024年度丰泽区家庭教育创新实践校"等。

(二) 家长的家庭教育理念得到转变

最典型的案例是蔡惠华女士的家庭。刚来东星实小的蔡女士常忙于工作，与班主任沟通，也多是了解孩子的学习情况。但自从她参与学校家委会工作，参加过家长课程的培训后，她的家庭教育理念逐渐发生变化，从"老师有责"变为"我更有责"，能够主动和教师增进沟通，关心孩子的行为习惯和品德，挪出更多的时间与孩子一起阅读、一起参与志愿服务，积极主动地做好孩子的榜样。2021年3月，蔡女士与她的婆婆获得"丰泽区好婆媳"荣誉称号，她的家庭被评为"2021年度丰泽区最美家庭"，真正实现家长孩子共同成长。

学校党支部坚持以品牌意识建设"善联"党建，筑牢红色灵魂，打造红色队伍，培养红色细胞，建设红色组织，推进红色服务，逐步将红色文化融入家庭教育。今后，学校党支部将深入贯彻党的二十大精神，坚持党建引领家庭教育"红到家"，助力青少年健康成长，让家庭成为孩子健康成长的摇篮。

## 第二节 打造"励志"行政样态

行政管理要制定规矩和规则，制定制度和规范，制定愿景和规划。学校围绕"立标"行政，旨在打造行政管理四项治理能力，即规划力、组织力、流程力和宣传力，加强学校行政领导班子建设，打造优秀的管理团队。

## 一、规划力

规划力，是学校在分析现状的基础上，为了达到发展目标，有序地逐步分解发展问题的能力。它是缜密、高效、灵活、富有弹性的，是学校组织有序、团队成长、校园文化升华的推手。这种规划力包含学校的规则制度、长期发展规划、年度工作计划等的规划能力。近年来，学校充分发挥教职员工的主人翁精神，广泛征求意见，制定《丰泽区东星实验小学学校五年发展规划》《丰泽区东星实验小学学校管理章程》《教师职务聘任量化细则》《教师绩效考评工资制度》《教师教育教学质量目标考核制度》等管理制度，致力于建立和完善学校的各项规章制度，并形成规范性制度文件，健全学校各部门的管理职能，规范学校管理行为，做到事事有制度、有落实、有记录、有结果、有反馈。同时，各处室、教研组和广大教师根据学校五年发展规划、年度规划及自身实际情况，不断调整努力方向与进度，共同推动学校朝目标前进。其中，各部门学期工作计划体现规划精神，工作总结能反映规划实施情况。

【案例】泉州市东星小学于2018年8月升格为东星实验小学。又因东海至北峰快速通道高架要横穿校舍，为此另址建设，并于2019年8月底迁址新校区。升格后的学校，办学规模为占地面积为45亩、42个班级。新的学校班子到位后，为了解决升格后的学校规划等问题，学校决定进行行政规划（规章）改革。

首先，学校对新校区及周边的设施和资源进行评估，了解了设施和资源状况，并发现了一些问题。例如，新校区地处偏僻，周边为施工区域，道路复杂，交通道路待建，存在交通安全隐患、接送困难、学校的原有设计不合理（体育馆的木地板、学术报告厅容纳量）等问题。对此，学校制定了相应的规划方案。其次，行政班子集思广益、群策群力，通过参观学习等方式，最终接触到新教育，并将新教育与学校实际结合起来，初步形成了东星新教育的办学思路。再次，学校以新教育"十大行动"贯穿学校教育教学的始终，重点围绕"营造书香校园"

"缔造完美教室""推进每月一事"为主要抓手。最后，逐步探索形成了具有东星特色的新教育。经过这些行政规划（规章）改革，学校的设施和资源得到了更好的利用和管理，营造了浓厚的校园文化氛围，教师的工作更有效，办学质量得到提升。这改变了以往的教育生态，同时促进了家校共育，使家长更加满意学校的服务和管理。目前，学校已成为丰泽区城东片区有品质的学校。这些成果表明，行政规划力在小学管理中具有重要的作用。

## 二、组织力

组织力，主要指学校管理层为完成其承担的职责任务、实现学校的发展目标而组织凝聚动员影响学校的每个人和家庭、社会各方面力量的能力。在探索过程中，学校逐渐形成严密完善、坚强有力的组织体系，坚决拥护学校的各种管理措施，一切行动听指挥。同时，建立合作竞争机制，推动教师队伍不断优化，实施绩效工资，形成注重工作态度、工作量、工作实绩的团队精神和追求卓越、拒绝平庸的激励机制，激发教师的进取心。还积极为教职工提供各种校内、校外的培训、学习机会，提升教职工学习能力。优化学校管理提高效能。合理整合与优化学校人、财、物资源，建立精细管理的责任机制，努力做到"顶层设计"与"具体实践"相统一。通过有效的激励手段，推动教学改革和教学管理良性发展，建立多方联动的协同机制、人人参与的责任机制。广泛参与的监督机制，系统提高学校管理效能。

【案例】面对原有的远不能适应实验小学办学定位的基层学校管理模式，张桂英校长进行了一系列大刀阔斧的改革。首先，优化学校的管理层。她带领学校管理层，果断将一些冗余管理职位去除，使学校的管理结构更加扁平化，使每个管理者的职责更加明确、权力更加集中。其次，充分发挥党员干部的骨干作用，使其在教育教学过程中践行先锋模范作用。再次，有效建立学校内部沟通机制。学校推出定期召开全体员工大会、设立专门的信息公示栏、鼓励教职工之间的跨部门跨学科跨岗位的交流等一系列举措,保证每个教职工都能及时了解学校的发展动态和政策变化。最后,在管理方法上引进创新理念。学校实行教师发展规划目标,成立专门的教师发展中心,按照教师实际量身制定明确的工作目标和期望,定期对教师的工作成果进行评估和反馈,激励其取得更好的成绩,力推教师有效成长和全面发展。学校还引入了项目管理法,针对大型项目或活动成立专门的项目组,让具备相关专业技能的人负责项目的实施和管理,提高工作效率和质量,等等。

经过一段时间的改革和实践,学校的行政管理效率得到了显著提高,各项工作得以顺利开展,员工的工作积极性和满意度也大大提高,学生的学习和生活环境得到了改善,家长对学校的满意度也大幅提升。

这个案例充分说明了行政组织力在小学管理中的重要性。通过合理的管理和组织,可以大幅提升学校的整体运营效率和质量,从而帮助师生过一种幸福完整的教育生活。

## 三、流程力

流程,是由两个及以上的业务步骤组合完成一个完整的业务行为的过程。学校的流程力,是学校能够根据制度将各业务分解为连续相关的过程节点及有序的执行方式的能力。为了让管理更加顺畅,堵住执行漏洞,学校在完善制度的基础上,加强各种常规工作的制度流程建设,如财务的制度流程建设、各种大型活动(会议)流程、日常会议流程、文件转发流程、宣传流程、教学常规流程、课堂教学流程、课程开发流程、教研流程、科研流程、社会实践流程、家校活动流程等。

【案例】随着学校升格和学生数量不断增加,东星实小的规模也在不断扩大。为了更好地管理学校各项事务,东星实小提高行政效率,决定对行政流程进行优化和改进。

学校对现有的行政流程进行了全面梳理和分析，发现存在以下问题：一是流程不规范，环节过多，导致办事效率低下；二是缺乏有效的信息共享和沟通机制，导致信息传递不畅；三是部门之间缺乏协作和配合，导致部分工作重复和浪费。

针对这些问题，学校采取了以下措施：一是制定规范化的行政流程，明确各个环节的责任和义务，减少不必要的环节和程序；二是建立信息共享平台和沟通机制，加强部门之间的信息共享和沟通协作；三是推行协同钉钉办公系统，促进部门之间的协作和配合，提高工作效率。

改进后，学校的行政效率得到了显著提高，各项事务得到了更加高效、有序的管理。同时，减少了工作中的重复和浪费现象，降低了学校的办公成本。

这充分证明了行政流程力在小学管理中的重要性。通过优化和改进行政流程，可以提高工作效率和管理水平，促进学校的持续发展。

## 四、宣传力

学校借助主流媒体和网络平台，宣传各项突出工作，继续推动学校的品牌宣传，深入开展多样的办学机制改革探索，完善工作机制，不断扩大优质教育资源的覆盖面和受益人群，促进学校个性化特色快速发展，提高学校美誉度和人民群众的满意度。

【案例】为了提高学校的知名度和影响力，东星实小加强与家长和社会的沟通，开展了一系列行政宣传活动。

首先，学校制订了一份详细的行政宣传计划，成立了专门的宣传机构，明确了宣传的目标、内容、方式等。宣传的目标包括提高学校的知名度、美誉度和影响力，加强家长和社会对学校的了解和支持；宣传的内容包括学校的办学理念、教育特色、师资力量、教育教学成果、校园文化、学生活动等；宣传的方式包括网络宣传、学校微信公众号宣传、学校视频号宣传、社会媒体资源宣传、校园文化宣传、家长会宣传等。

其次，学校通过多种渠道进行了行政宣传。一方面，学校在微信公众号和视频平台上发布文章和视频，从各个角度介绍学校，吸引学生、家长及社会人士的关注和转发。另一方面，学校在周边道路营造文化宣传氛围，展示学校的形象和办学理念；定期组织家长会和开放日活动，让家长和社会各界人士深入了解学校的教育教学情况和办学特色。

最后，学校的行政宣传取得了显著成效。通过多种渠道的宣传，学校的知名度和影响力得到了提高，家长和社会的满意度不断上升。同时，家长和社会对学校的了解和支持得到了加强，学校的美誉度得到了提升。此外，行政宣传促进了学校与家长、社会的沟通和互动，为学校的发展提供了更多的支持和帮助。

总之，行政宣传是小学发展的重要手段之一。东星实小通过制定详细的计划和多种渠道的宣传，提高了学校的知名度和影响力，加强了家长和社会对学校的了解和支持，为学校的发展创造了更好的条件和环境。自 2019 年 9 月份以来，中央电视台、《人民日报》、《半月谈》、中国新闻网、《福建日报》、福建电视台、闽南网、泉州广播电视台、《泉州晚报》、《东南早报》等国家、省、市级新闻媒体多次报道东星实小的办学活动。

## 第三节　夯实"励责"安全水平

校园安全是关系到国家未来一代健康成长的大事。强化校园安全管理，营造安全和谐的校园环境，是教育部门和全社会共同肩负的神圣使命。近年来，学校把安全防范工作放在首位，贯彻安全第一、预防为主的方针，把安全教育、安全管理的各项措施落到实处，安全工作逐步规范化、科学化，富有个性特色，但仍然存在安全隐患。为此，我们必须夯实"励责"安全水平，全面提升校园安全管理水平，确保广大师生的人身安全和财产安全。

## 一、防控力：安全先行，确保学校各项工作有序开展

一是组织机构健全，制度落实有力。在领会贯彻教育部门文件精神的前提下，学校成立安全工作领导小组，对照上级的文件精神及工作指示，全面安排学校安全工作任务，强化管理，加强考核，切实将学校安全工作放在重中之重的位置上。

二是安全工作岗位监管落实到人，责任明确。学校在与教育部门签订安全工作责任书的同时，由校长（负责人）为第一责任人，层层明确责任，签订岗位责任书，并纳入年度工作考核；实施安全责任追究制、学期安全工作专项考核的办法；由安全信息报送员负责上报各种安全信息，形成纵横交错的管理网，确保安全工作全面开展。

三是加强校园管理，落实隐患排查。学校严格按照安全标准化，深入梳理分析学校标准化创建、运行、提升存在的突出问题和薄弱环节，对照标准，逐一查缺补漏，紧盯影响学校安全的重大隐患排查治理、重大危险源监控、应急能力提升、消防安全保障等重点要素，规范实施安全风险"四色"动态管控，建立健全隐患排查治理"三张清单"，完善"六有"可视化警示标识，整体推进学校安全标准化全面提质增效。一方面，学校根据实际校情制定安保管理制度，加强校园管理，建立护校组织，坚持领导带班值班并落实保卫职责。同时，加强学生管理，防止学生拉帮结伙，确保校园内无暴力事件发生。另一方面，安全领导小组定期召开安全工作会议，协同综治副校长和警官定期做好校园及周边安全的排查与治理，组织保安人员进行安全培训，及时消除安全隐患，确保校园内外的安全；引导家长增强保护子女安全责任意识，进一步落实监护责任。同时，做好学校安全管理平台使用推广工作，加强和落实公共安全教育，全力维护校园安全稳定。

四是开展丰富活动,落地安全教育。"智者用经验防止事故,愚者用事故总结经验",事后补救不如事前防范。首先,学校会组织收看安全专题教育片,按时完成安全平台专题教育活动,定期开展防地震、防火灾等突发事件应急逃生演练,开展法制宣传活动、防溺水等主题专题教育活动,增强学生的安全意识和应急避险能力。其次,学校利用班会、晨会、活动课、学科渗透、宣传贴画等途径,通过讲解、演示和训练,对学生开展安全预防教育,使学生接受较系统的防疫、防溺水、防交通事故、防触电、防体育运动伤害、防火、防盗、防震等安全知识和技能教育。最后,还举行主题班会、讲座、安全征文与知识竞赛等安全教育活动。

例如,在安全教育宣传月活动中,学校开展"珍爱生命,安全从我做起"主题活动,以年级、班组为单位开展"我自护,我平安"的大讨论活动;在升旗仪式上进行国旗下演讲,利用校园之声广播充分发挥舆论导向作用,及时报道安全工作中的好人好事,介绍安全教育的典型经验,曝光追逐打闹等坏习惯造成的不安全现象;宣传安全知识,传播安全文化理念,营造安全文化氛围;各班还采用现场演习、办小报、出墙报等形式宣传安全法律法规,以及安全常识等,通过有"声"有"色"的宣传教育,全校师生在耳濡目染、潜移默化中受到了极大的教育。

## 二、应急力:以高度的责任感落实各项创安措施

学校的应急力,是后勤部对校园突发事件快速响应、处置得当,并将安全影响和损失降到最低的能力。"安全责任重于泰山",学校要以高度的责任感来落实各项创安措施。其中,提高后勤部门应急力是重中之重。

一是安全演练要常态化。学校认真贯彻省综治办、省教育厅、省公安厅联合制定的《福建省"平安校园"创建及管理办法(试行)》,组织学生进行防震减灾逃生演练、防踩踏楼道疏散演练和消防逃生、灭火演练等安全演练;结合全国

消防宣传日活动，开展防火、灭火的场馆教育，进行火场疏散演练和灭火演练，提升学校师生逃生自救能力。

二是建立应急救援队伍。学校组建一支由教师、学生和校工组成的应急救援队伍，进行定期培训和演练，提高他们的应急处理能力和救援技能。在发生突发事件时，这支队伍将作为第一响应者进行现场处置，为后续的专业救援争取时间。

三是完善保障措施。我们将继续完善、修改、制定一系列学校安全工作制度，构建完善纵深的安全防御体系。学校实行严格的访客登记制度，争取配齐安保人员。现有保安人员5名，保安器材配备完整，学校设有安全保卫处。建立与公安、消防等部门的紧密联系，在必要时获得及时的援助和支持。

四是做好危机公关。学校建立完善的危机公关机制，明确危机发生后的沟通流程和责任人。在事件发生后，要及时向公众发布事件的相关信息，保障公众的知情权；同时，要积极与媒体沟通合作，引导舆论方向，避免不实信息和谣言的传播。

## 第四节 营造"励合"工会空间

学校工会坚持以习近平新时代中国特色社会主义思想为指导，紧密围绕全国总工会和各级党委政府工作部署，讲政治、有高度，敢担当、有力度，抓服务、有温度，各项工作有声有色、亮点纷呈。

工会作为职工之家，进一步发挥好桥梁纽带作用，打造"励合"工会，凝聚广大职工群众智慧力量，引导广大职工在新时代新征程中建功立业。

## 一、监督力：完善工会制度建设，凸显"励力"

一是注重提高学校工会委员的业务素质。积极配合校行政、党支部组织教职工学习，将党的政策、方针与教育教学实践结合起来，促进全体教职工整体素质不断提高。首先，加强政治理论学习，认真学习党的二十大精神、中国工会十八大精神，学习省市区关于教育的会议精神，帮助教职工树立正确的人生观、职业观，提高教工的政治觉悟；其次，以师德师风教育为核心，大力宣传和学习改革开放40多年来教育战线取得的成就，全国优秀教师师德报告以及《师德师风警示教育》，并组织教职工参加各级各类征文、书法等比赛活动，促使教职工认识到自己的使命崇高、责任重大，并能在工作中更加敬业爱岗、无私奉献；最后，加强法制学习，组织教工学习《教师法》《民法典》等法律知识，开展关于警示教育活动和贯彻落实中央八项规定精神，与教师签订《师德承诺书》等，引导教职工依法执教，增强了教职工的公民意识、法律意识和道德观念。

二是完善工会制度建设。在开展工作的过程中，学校工会注重抓组织建设，健全工会各项工作制度、财务管理制度等，完善岗位安全工作责任制；严格遵循有关会议精神，加强对工会财务工作的管理，充分发挥工会组织对校园各项工作的参与和监督作用，担当好学校的民主监督重任。突出教职工在办学中的主体地位，充分发挥教职工在办学中的聪明才智和工作积极性，进一步完善教代会工作制度，保证教代会对发展规划、规章制度等学校重大事项的知情权、审议权和决定权。每年对学校试行的改革方案和制定的各项规章制度广泛征求意见，不断修改完善，保证实施效果。例如，2023年3月，学校召开一届五次教职工代表大会，在多次征求教职工意见、经行政会多次讨论修改后，审议、通过并完善了《东星实验小学绩效方案》《东星实验小学职称评聘方案》《东星实小班主任考核细则》等，使学校民主管理的水平进一步得到提高。

三是充分发挥教代会的监督职能。学校工会督促各项事宜的公开，调动和发挥全体教职工的工作积极性，成为一种无形的凝聚力和激励力，使学校领导班子能把全校教职工紧紧地团结在一起，学校各项工作得以顺利开展。

## 二、关怀力：积极营造工会"职工之家"，形成"合力"

学校工会积极营造工会"职工之家"温馨和谐的文化氛围，提升教职工的向心力。一方面，学校工会积极组织教职工开展各色活动，活跃气氛，愉悦身心，达到强健体魄和陶冶身心的效果。另一方面，大力开展送温暖活动。例如，在节假日按时发放福利，让教工们感受到学校的关怀；为生育的教职工送上工会贺礼，等等。

为了进一步活跃校园的文化氛围，丰富教职工的课余生活，学校工会筹集资金，建设"休闲养心室""健身室"等，积极主动地开展形式多样的文娱和体育活动：组织教师参与集福活动、庆元旦趣味运动会、三八妇女节春游活动、庆祝"喜迎二十大　庆中秋　感师恩"教师节活动、区教育系统工会组织的"永远跟党走　奋进新时代"合唱比赛、市（区）"我们这十年"征文、演讲比赛等。这些活动丰富了广大教职工的文体生活，引导广大职工树立"走到户外、健康生活、快乐工作"的理念，既融洽了教职工的关系，增进了同事之间的情感；又增强了学校教职工的凝聚力，激发了工作热情，塑造了健康向上的精神风貌，一起追求幸福完整的教育生活。

为了让广大教职工感受学校的温暖，进一步激发他们的工作积极性、主动性和创造性，形成合力，学校工会利用节假日大力开展送温暖活动，千方百计地为教职工办实事、办好事。一是送上生日祝福。每年年初，学校工会就调查工会会员的农历生日，为工会会员精心挑选生日礼物，为每位工会会员及时送去工会的祝愿。二是关注健康。学校工会根据体检项目选定体检医院，及时报送名单，组织教职工去参加每年的体检，防患于未然；每年年底，为所有教职工购买下一年的医疗互助保险，为减轻教职工患病时的经济压力做预防。三是重视节日福利。

逢年过节，学校工会根据财力，为教职工精心备好礼物，为教师送去节日祝福。四是关心退休、退协工作。学校工会以上门拜访、返校座谈等多种方式慰问离退休教师，并送去慰问金；邀请退休教师参加重阳节座谈会等，并送上节日慰问品。学校坚持巩固拓展"园区枫桥"机制等，持续推进为职工办实事活动，让教职工群众的获得感、幸福感、安全感更加充实、更有保障、更可持续。

### 三、评价力：拓宽渠道，综合评价，夯实"励合力"

为进一步加强学校教师队伍建设，制定综合评价机制，建立激励和保障机制，通过择优遴选，表彰先进，树立典型，培养一批有理想、有信念、有潜力、有干劲的优秀教师，多措并举搭建青年教师成长平台，夯实"励合力"，激励广大教职工忠诚履职，奠定丰泽区教育高质量发展基石。

学校工会按照政治强、情怀深、思维新、视野广、自律严、人格正的标准要求，在为学为人方面成为师生表率，坚持公开、公平、公正原则，采取自下而上的办法择优推荐热爱学生思想政治工作，有敬业、创新和奉献精神，全面关心学生健康成长，自觉用良好的师德风范和道德行为影响教育学生的教师。

忠诚履职尽责，推动解决实际问题。学校工会积极组织开展理想信念教育、社会主义核心价值观教育、中华优秀传统文化教育、生态文明教育、心理健康教育等，深入实施课程育人、文化育人、活动育人、实践育人、管理育人、协同育人，充分调动教职工的工作积极性和创造性。每年教师节，学校工会都会向学校教育基金会申请奖励基金，评选出品德美、职责美、育人美、科研美、人气美的东星实小"最美教师""最美员工"，以及校优秀班主任班集体、丰泽区优秀班主任、丰泽区先进德育工作者、丰泽区优秀教师、丰泽区优秀少先队辅导员等各级荣誉，予以肯定和表彰，让教职工劳有所获、载满荣誉、欢乐满满，过上完整幸福的教育生活。

# 后记：东星赋

创业维新，砥砺前行。杏坛荣荣，校史悠悠。搬迁升格焕新机，百年老校展丰姿。撷洛阳江以灵秀，近大坪山而荣崇，春暖花开，四季如春。荟圣贤之芳气，汲自然之精华，美丽校园，诗意栖息。施雅教谆谆以有道，育栋梁曜曜而无穷。莘莘子衿，以善学善行为本；耿耿师表，以立德立人为宗。

萃英路长，尽树未来之才；桃李园艳，频闻琅琅书声。学术厅，甚感求知之冀；童书馆，时有阔论之鸣；艺体场，登峰而造极；少年宫，筑梦以驰骋。右涵望山之坚毅，左拥观澜之恢宏。箴言镂于石而隽，非遗绘于墙而铭。潜于学则必达，躬于教则必成。每一天，每一个，每一点，星星点灯，照亮童心。

地无教不兴，人无学不立。摒守旧之沉疴，擎鼎新之旗帜。多元施教，门类得以兼容；六艺传承，德育得以厚积。家校育而共赢，青蓝授而为继。线上相融于线下，校外更兼于校内。播至善以为源，赓经典以为理。撷儒家之韵，其业唯新；凝书香之魂，其德唯伟。倡"十大行动"，激发教育活力；塑"三好"品牌，落实全面育人。艺术节绽希冀之光，文化节透高雅之气。励身励志，青衿含英而咀华；载德载辛，园丁焚膏以继晷。百年播雨，描绘于长河古今；三尺拓荒，神游于寰海内外。高树栖以凌云，蟾宫探而折桂。磨铁杵而有恒，立明志以致远。名庠名师名生同荣，校风教风学风共萃。播种者日长其苗，琢玉者日成其器。

展时代之宏道，枕教育之沃土。上承炳烛之辉，下铺育才之路。韶华不宜消磨,日月不宜虚度。师应以秉铎为荣,学不以面壁为苦。未负乡邻之凤期,更享教坛之盛誉。嗟夫,先贤历经千难立校办学弘道于斯,吾辈当继往迹之未竟,开时代之发端。教风为经,学气作纬,经纬相合于天地。丰饶之地,恩泽于民。东方志者,星耀华夏。芳华黉舍,声誉远传!